Lisa Prange

44 SPRECHSPIELE

für Deutsch
als Fremdsprache

Max Hueber Verlag

€ 3. 2. 1.   Die letzten Ziffern
2005 04 03 02 01   bezeichnen Zahl und Jahr des Druckes.
Alle Drucke dieser Auflage können, da unverändert,
nebeneinander benutzt werden.
2. Auflage 2001
© 1993 Max Hueber Verlag, D-85737 Ismaning
Verlagsredaktion: Peter Süß
Umschlaggestaltung: Studio Rudauskas, München
Layout: Erentraut Waldau, Ismaning
Zeichnungen: Heinrich Haisch, München
Satz: Design-Typo-Print GmbH, Ismaning
Druck: Schoder, Gersthofen
Printed in Germany
ISBN 3–19–001503–1

Inhalt

Vorwort

Die vorliegenden Spiele habe ich für Schüler der Grundstufe geschrieben und mit ihnen ausprobiert. Die meisten Spiele können jedoch aufgrund ihrer offenen Struktur auch in der Mittelstufe eingesetzt werden.

Mein Hauptanliegen war es, Schülern die Chance zu geben, bereits eingeführte Grammatik und erlerntes Vokabular spielerisch anzuwenden.

Je nach Lernergruppe erfordern die Spiele eine mehr oder minder intensive Vorbereitung. Ich habe die Erfahrung gemacht, dass es für einen flotten, interessanten Spielverlauf ratsam sein kann, den Schülern Zeit zum Vorbereiten zu geben, zum Beispiel in Form von Hausaufgaben. Die Schüler können überlegen, wie sie bestimmte Fragen beantworten würden (beispielsweise beim Spiel *Indiskrete Fragen*), wie sie vorgegebene Sätze ergänzen könnten (wie etwa beim Spiel *Wie gut kennen Sie sich?*), und sie können ihnen unbekannte Wörter nachschlagen. Möglich ist aber auch, dass die Schüler vor Beginn des eigentlichen Spiels in Partner- oder Gruppenarbeit Ideen sammeln (z. B. beim Spiel *Was ist der Grund?*). Für eine Vorbereitung spricht auch, dass einige Spiele die Schüler auf einer persönlichen Ebene herausfordern. So sollen sie sich mitunter auf eigene Gefühle und Erfahrungen besinnen, wobei nicht alle spontan reagieren können, wenn sie danach gefragt werden.

Der Lehrer muss jeweils selbst entscheiden, welches Maß an sprachlicher Kompetenz und Spontaneität er bei der Lernergruppe voraussetzen darf. Der für jedes Spiel angegebene Schwierigkeitsgrad bezieht sich auf die sprachlichen Anforderungen, nicht auf die durch die Spielstruktur gegebenen Schwierigkeiten. Diese Angaben sind nur eine ungefähre Richtschnur, zumal der größte Teil der Spiele auf unterschiedlichen Lernstufen durchgeführt werden kann. Die Fragen und Antworten sind so offen gestaltet, dass sie reduzierte sprachliche Reaktionen und differenzierte Äußerungen erlauben. Der Lehrer kann zusätzlich steuern, indem er das Angebot der bei den einzelnen Spielen angegebenen Redemittel beschränkt oder erweitert.

Ich sehe die Aufgabe des Lehrers vor allem darin, vor bzw. während des Spiels Vokabular und Strukturen zu erläutern. Ferner sollte er einschätzen, zu welchem Zeitpunkt die Schüler in der Lage sind, das Erlernte selbständig anzuwenden. Während des Spiels sollte der Lehrer auf korrigierendes Eingreifen verzichten, sich als stiller Beobachter im Hintergrund halten, den Schülern für Hilfen und Fragen zur Verfügung stehen – oder einfach mitspielen. Beim Mitspielen kann er mit gutem Beispiel vorangehen, einmal in sprachlicher Hinsicht, zum anderen aber auch durch die Bereitschaft, den Mitspielern kleine persönliche Details anzuvertrauen. Das heißt, dass der Lehrer genau das praktizieren sollte, was er von seinen Schülern erwartet.

Ich wünsche Ihnen mit den Spielen einen anregenden und abwechslungsreichen Unterricht.

Lisa Prange

Kartenspiele

Die Kopien sollten vor dem Ausschneiden auf dünne Pappe geklebt werden. Beim Spiel *Angsthase und Pechvogel* bitte nicht vergessen, Vorder- und Rückseite zu bekleben.

Kooperatives Spiel

3 – 6 Spieler

Spielkarten

mittel

1 Indiskrete Fragen

Alle Mitspieler bilden einen Kreis. Die Spielkarten werden gemischt und verdeckt auf den Tisch gelegt.

Der erste Spieler nimmt eine Karte und stellt seinem rechten Nachbarn die Frage, die darauf zu lesen ist. Der Mitspieler muss die Frage – auch wenn sie sehr „indiskret" ist – wahrheitsgemäß beantworten und, falls es die Karte verlangt, seine Antwort begründen.

Anschließend zieht der Befragte für seinen rechten Nachbarn eine Karte.

Wenn alle Karten gezogen sind, werden sie neu gemischt und verdeckt auf den Tisch gelegt. Trifft ein Spieler im weiteren Spielverlauf auf eine Frage, die er schon einmal beantwortet hat, dann darf er sie einem Mitspieler stellen.

Wann waren Sie einmal sehr glücklich?	Wo möchten Sie gern wohnen?	Welche Menschen finden Sie schrecklich?
Wie ist Ihr bester Freund/ Ihre beste Freundin?	Welches Land gefällt Ihnen am besten? Warum?	Mit wem sind Sie gern zusammen?
Worüber ärgern Sie sich am meisten?	Welches Buch haben Sie besonders gern gelesen?	Woran erinnern Sie sich gern?

Wovor haben Sie Angst?	Welche Menschen haben Ihr Leben beeinflusst?	Welche Eigenschaften sind Ihnen bei Menschen wichtig?
Wie verbringen Sie Ihre Freizeit?	Was möchten Sie an sich ändern? Warum?	Welche Zukunftspläne haben Sie?
Was ist in Ihrem Land anders als in Deutschland?	Welches Tier möchten Sie gern sein? Warum?	Wen bewundern Sie? Warum?

In welcher Situation haben Sie gelogen?	Was essen Sie besonders gern?	
Mögen Sie Partys? Warum? – Warum nicht?	Welche Berufe halten Sie für besonders interessant? Warum?	
Sie gewinnen eine hohe Geldsumme im Lotto. Was machen Sie mit dem Geld?	Worüber freuen Sie sich am meisten?	

Wettbewerbsspiel

3–5 Spieler

Spielkarten

mittel

2 Angsthase und Pechvogel

Die Spielkarten werden mit der Bildseite nach oben auf den Tisch gelegt.

Der erste Spieler wählt eine beliebige Karte und fragt seinen Nachbarn nach der Erklärung des Begriffs, der auf der Karte steht. Der Nachbar versucht, eine Definition zu geben. Dann kann er die Karte umdrehen und die Definition lesen. Wenn die Erklärung richtig war, darf er die Karte behalten, wenn nicht, muss er sie liegen lassen.

Dann ist der nächste Spieler an der Reihe.

Sieger ist, wer am Ende die meisten Karten besitzt.

Was ist	ein Pechvogel? eine Nachteule?
Ein Pechvogel Eine Nachteule	ist vielleicht ein Mensch, der …

eine Wasserratte	ein Streithammel	ein Spaßvogel	eine Nachteule
ein Angsthase	ein Bücherwurm	ein Schmutzfink	eine Intelligenzbestie
eine Naschkatze	ein Dummkopf	ein Putzteufel	ein Schreihals
ein Pechvogel	ein Schluckspecht	eine Sportkanone	ein Glückspilz
ein Rabenvater	eine Schlafmütze	ein Faulpelz	ein Lügenmaul

Eine Nachteule ist ein Mensch, der nachts aktiv ist.	Ein Spaßvogel ist ein Mensch, der gern Späße macht.	Ein Streithammel ist ein Mensch, der sich oft mit jemandem streitet.	Eine Wasserratte ist ein Mensch, der gern und gut schwimmt.
Eine Intelligenz-bestie ist ein Mensch, der sehr intelligent ist.	Ein Schmutzfink ist ein Mensch, der sich selten wäscht und schmutzig ist.	Ein Bücherwurm ist ein Mensch, der viel liest und Bücher liebt.	Ein Angsthase ist ein Mensch, der schnell Angst hat.
Ein Schreihals ist ein Kind, das laut schreit.	Ein Putzteufel ist ein Mensch, der zuviel putzt.	Ein Dummkopf ist ein Mensch, der sehr dumm ist.	Eine Naschkatze ist ein Mensch, der gern Süßig-keiten isst.
Ein Glückspilz ist ein Mensch, der oft Glück hat.	Eine Sportkanone ist ein Mensch, der sehr gute sportliche Leistungen bringt.	Ein Schluckspecht ist ein Mensch, der gern und oft Alkohol trinkt.	Ein Pechvogel ist ein Mensch, der oft Pech hat.
Ein Lügenmaul ist ein Mensch, der oft lügt.	Ein Faulpelz ist ein Mensch, der sehr faul ist.	Eine Schlafmütze ist ein Mensch, der mit offenen Augen schläft und nicht gut aufpasst.	Ein Rabenvater ist ein Mann, der sich nicht oder schlecht um seine Kinder kümmert.

3 Tauschbörse

Kooperatives Spiel

3–6 Spieler

Vor Beginn des Spiels notiert jeder Spieler für sich auf einem Zettel drei seiner wichtigsten Eigenschaften. Danach bilden alle Mitspieler einen Kreis. Jeder Spieler erhält gleich viele Karten (je nach Teilnehmerzahl mindestens drei, höchstens sechs). Übrig bleibende Karten werden aus dem Spiel genommen.

Den einzelnen Spielern liegen jetzt die Eigenschaften auf den Karten zusätzlich zu ihren notierten Eigenschaften vor. Sie sollen nun versuchen, durch Tauschen genau die Eigenschaften (Karten) zu erhalten, die ihnen fehlen und die sie gerne besitzen möchten. Da ein Spieler nicht weiß, welche Karten außer seinen sonst noch im Spiel sind (und welche Karten seine Mitspieler haben), muss er seine Mitspieler nach den Eigenschaften fragen, die er gern besitzen möchte.

Spielkarten

Der erste Spieler sucht sich einen beliebigen Mitspieler aus und fragt ihn nach einer Eigenschaft, die er selbst gern hätte. Hat der Mitspieler die betreffende Karte, so muss dieser sie hergeben. Er erhält im Tausch dafür eine andere Karte. Hat der Mitspieler die gewünschte Karte nicht, so darf der Spieler einen weiteren Mitspieler befragen. Die Anzahl der Fragemöglichkeiten sollte begrenzt werden und je nach Teilnehmerzahl zwischen einer und fünf liegen. Dabei kann sich der fragende Spieler entweder direkt nach einer Eigenschaft erkundigen oder eine seiner (unerwünschten) Karten dem Mitspieler offen zum Tausch anbieten. Sobald der Spieler mit seinen Fragen Erfolg hatte oder die Anzahl der Fragemöglichkeiten ausgenutzt hat, ist der nächste Spieler an der Reihe.

Papier und Bleistift

Wenn alle Spieler das Geschehen aufmerksam verfolgen, so wird ihnen klar, welche Karten im Spiel sind und wer welche Karten besitzt. Im Laufe der Zeit wird der einzelne Spieler ganz gezielt den/die Mitspieler ansprechen können.

schwer

Ich habe Humor bekommen.

Humor brauche ich nicht. Ich bin schon humorvoll genug.

Sie sind Du bist	doch schon so humorvoll.		Geben Sie mir doch	Ihren Humor. Ihre Ausdauer. Ihr Selbstbewusstsein.
			Gib mir doch	deinen Humor. deine Ausdauer. dein Selbstbewusstsein.

Haben Sie Hast du	Humor?		
Tauschen Sie	Ihren Humor Ihre Ausdauer Ihr Selbstbewusstsein	gegen	meinen Fleiß? meine Energie?
Tauschst du	deinen Humor deine Ausdauer dein Selbstbewusstsein		

Schönheit	Fleiß	Sportlichkeit
Erfolg im Beruf	Zufrieden-heit	Toleranz
Beliebtheit	Stärke	Phantasie

Ausdauer	Intelligenz	Pünktlichkeit
Mut	Sparsam-keit	Energie
Sprach-begabung	Geduld	Ruhe

Fröhlichkeit	Geschick-lichkeit
Selbst-bewusstsein	Optimismus
Humor	Schlagfertig-keit

4 Was kann das sein?

Wettbewerbsspiel

3–6 Spieler

Spielkarten

schwer

Jeder Spieler erhält fünf Karten. Der Rest wird verdeckt auf einen Stapel gelegt. Die oberste Karte wird aufgedeckt und neben den Stapel gelegt.

Der erste Spieler versucht, ein Objekt zu finden, auf das die Beschreibung auf dieser Karte zutrifft und für das er zugleich auf einer seiner Karten ebenfalls eine passende Beschreibung findet. Wenn das gelingt, legt er diese Karte dazu. Er sagt aber nicht, an welches Objekt er denkt. Der nächste Spieler versucht nun, auch unter seinen Karten eine zu finden, deren Beschreibung mit den schon abgelegten Karten zu einem Objekt passt.

Wenn ein Spieler keine Karte legen kann, muss er eine ziehen. Er kann dann noch versuchen, mit der Beschreibung der neuen Karte ein Objekt zu finden, auf das alle schon abgelegten Beschreibungen ebenfalls zutreffen.

Ein Spieler kann versuchen, seine Mitspieler zu täuschen, indem er eine Karte ablegt, ohne sich ein passendes Objekt überlegt zu haben. Das ist aber riskant; wenn ein anderer Spieler das merkt, kann er ihn nämlich fragen: *Was ist das?*, und wenn ihm dann im letzten Moment nicht doch noch ein plausibles Objekt einfällt, dann muss er alle schon abgelegten Karten – mit Ausnahme der zu Spielbeginn aufgedeckten Karte – nehmen. Aber auch der Fragende geht ein Risiko ein: Wenn dem Gefragten noch ein Objekt einfällt, dann muss der Fragende alle abgelegten Karten nehmen.

Sind die Karten des Stapels aufgebraucht, dann werden alle offen auf dem Tisch liegenden Karten – mit Ausnahme der zuletzt abgelegten Karte – weggenommen, gemischt und verdeckt als neuer Stapel abgelegt. Die zuletzt abgelegte Karte dient dann als neuer Ausgangspunkt für den Spielablauf.

Das Spiel enthält zwei *Jokerkarten*. Der Spieler, der einen Joker erhalten oder gezogen hat, kann ihn dann einsetzen, wenn er an der Reihe ist und seine übrigen Karten keine passende Beschreibung enthalten.

Sieger ist der Spieler, der als erster alle seine Karten abgelegt hat.

Das wird manchmal auf Reisen mitgenommen	Das wird in Fabriken produziert	Das wird vor Gebrauch eingeschaltet
Das kann man an die Wand hängen	Das wird geschält und dann gegessen	Das wird normalerweise einzeln verkauft
Das wird aus Holz gemacht	Das wird normalerweise nicht einzeln verkauft	Joker
Das muss nach Gebrauch gewaschen werden	Das wird nach Gebrauch weggeworfen	Das wird oft ausgeliehen
Das wird gern verschenkt	Das wird zum Beispiel aus Afrika importiert	Das wird kalt und warm gegessen
Das wird kalt und warm getrunken	Das wird vor allem von Frauen benutzt	Das wird vor allem von Männern benutzt
Das wird im Büro benutzt	Darüber ärgern sich manche	Das kann man anziehen
Das kann man in der Hand halten	Dahinter kann man sich verstecken	Das gab es vor 100 Jahren noch nicht

Darin kann man sitzen	Dafür bezahlt man weniger als 20 Mark	Das ist sehr nützlich
Daran haben viele Leute Spaß	Das geht schnell kaputt	Das ist gut für die Gesundheit
Das kann man essen	Das benutzt man im Haushalt	Darunter kann man stehen
Das bekommt man im Kaufhaus	Davon träumen viele Menschen	Davon gibt es nicht viele
Damit kann man fahren	Joker	Damit kann man spielen
Damit kann man arbeiten	Darauf kann man sitzen	Darauf kann man liegen
Dafür bezahlt man viel Geld	Davon hat man häufig mehrere	Darüber freuen sich Kinder ganz besonders
Dafür interessieren sich besonders Männer	Dafür interessieren sich besonders Frauen	Man kann etwas hineinlegen

Einigungsspiele

Die Einigungsspiele sind kooperative Spiele für kleine Gruppen (zwei bis drei Spieler).

Spielregel zu allen Einigungsspielen:

Ziel dieser Spiele ist es, dass sich alle Spieler auf eine Ergänzung der jeweiligen Sätze einigen.

Jeder Spieler macht Vorschläge und befragt seine Partner, ob sie damit einverstanden sind. Lehnt ein Mitspieler einen Vorschlag ab, muss er seine Meinung – wenn dies möglich ist – begründen und einen Gegenvorschlag machen. Durch das Gespräch ergeben sich dann Lösungen, denen alle Spieler zustimmen können.

Kooperatives Spiel

2 – 3 Spieler

leicht

5 Vorlieben und Abneigungen

▶ Spielregel siehe Seite 17

Ich	mag habe	Bücher	sehr besonders		gern.	Sie Du Ihr	auch?	– Ja, ich auch. Nein, ich nicht, weil …
Wie	finden Sie findest du findet ihr	das Buch?	–	Das finde ich			gut. schlecht, weil …	
Was	halten Sie hältst du haltet ihr	von dem Buch?	–	Sehr viel. Davon halte ich		wenig, nichts,	weil …	

a) Wir finden _____ prima.

b) Wir mögen _____ nicht.

c) Wir spielen gern _____ .

d) Wir finden, _____ ist sehr interessant.

e) Wir _____ gar nicht gern _____ .

f) Wir finden _____ schrecklich.

g) Wir trinken nicht so gern _____ .

h) Wir lieben _____ .

i) Wir mögen die Farbe _____ .

j) Wir essen sehr gern _____ .

k) Wir finden _____ komisch.

l) Wir mögen _____ sehr gern.

6 Erfahrungen

Kooperatives Spiel

2–3 Spieler

▶ Spielregel siehe Seite 17

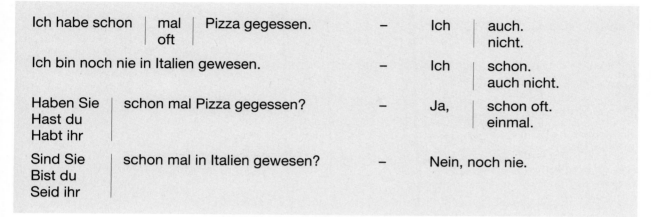

| Ich habe schon | mal | Pizza gegessen. | – | Ich | auch. |
| | oft | | | | nicht. |

| Ich bin noch nie in Italien gewesen. | | | – | Ich | schon. |
| | | | | | auch nicht. |

Haben Sie	schon mal Pizza gegessen?	–	Ja,	schon oft.
Hast du				einmal.
Habt ihr				

Sind Sie	schon mal in Italien gewesen?	–	Nein, noch nie.
Bist du			
Seid ihr			

leicht

a) Wir sind noch nie _____ gegangen.

b) Wir haben noch nie _____ getrunken.

c) Wir haben beide/alle schon mal _____ verloren.

d) Wir haben beide/alle _____ gelesen.

e) Wir haben beide/alle schon oft _____ vergessen.

f) Als Kinder haben wir gern _____ .

g) Im letzten Urlaub haben wir beide/alle _____ .

h) Wir sind beide/alle schon mal _____ gefahren.

i) Wir haben beide/alle _____ gehabt.

j) Wir haben früher in der Schule _____ .

k) Wir haben beide/alle noch nie _____ gegessen.

Kooperatives Spiel

2–3 Spieler

mittel

7 Erinnerungen an die Kindheit

▶ Spielregel siehe Seite 17

| Als ich klein war, | wollte durfte | ich | nie immer | lange aufbleiben. |

| Früher | musste sollte | ich immer auf meinen Bruder aufpassen. |

| In der Schule | war ich immer sehr fleißig. hatte ich Deutsch besonders gern. |

| Als Kind | habe ich nie gelogen. fand ich Spinat schrecklich. |

| War das bei | Ihnen dir euch | auch so? | – | Ja, | genauso. so ähnlich. Nein, überhaupt nicht. |

a) Wir wollten früher _____ .

b) Wir durften als Kinder nicht/kein _____ .

c) Wir mussten früher zu Hause immer _____ .

d) Wir hatten als Kinder Angst _____ .

e) Mit _____ Jahren haben wir zum ersten Mal _____ .

f) Als wir etwa acht Jahre alt waren, _____ .

g) Wir hatten als Kinder großes Interesse an _____ .

h) Wir mochten _____ .

i) Mit sieben Jahren konnten wir noch nicht _____ .

j) Wir fanden _____ schrecklich.

k) Mit etwa _____ Jahren haben wir _____ gelernt.

l) Wir hatten als Kinder beide/alle ein _____ .

m) Mit unseren Freunden haben wir _____ .

n) Wenn wir allein waren, _____ .

o) In der Schule _____ .

p) Als wir Kinder waren, gab es _____ .

8   Innere Zustände

Kooperatives Spiel

2–3 Spieler

▶ Spielregel siehe Seite 17

mittel

Ich	freue ärgere	mich	zum Beispiel meistens häufig immer	dann, wenn über	...

Ich bin	enttäuscht von zufrieden mit stolz auf	...

Ich habe Angst vor ...

Ich werde	unsicher, wenn wütend über	...

Und	Sie? du? ihr?	Geht	Ihnen dir euch	das auch so?	–	Ja,	genauso. so ähnlich. Nein, überhaupt nicht.

a) Wir freuen uns zum Beispiel, wenn _____ .

b) Wir ärgern uns _____ .

c) Wir sind enttäuscht _____ .

d) Wir werden wütend _____ .

e) Wir sind zufrieden _____ .

f) Wir machen uns Sorgen _____ .

g) Wir haben Angst _____ .

h) Wir sind stolz _____ .

i) Es ist uns peinlich, wenn _____ .

j) Wir sind gestresst _____ .

k) Wir langweilen uns _____ .

l) Wir werden unsicher, wenn _____ .

m) Wir amüsieren uns _____ .

Kooperatives Spiel

2–3 Spieler

schwer

9 Über Gott und die Welt

▶ Spielregel siehe Seite 17

Ich	denke, glaube, meine, bin der Ansicht,	dass …			
Was	meinen Sie meinst du meint ihr	dazu?			
Sind Sie Bist du Seid ihr	auch dieser Meinung?	–	Ja,	ganz und gar. aber…
			Nein,	überhaupt nicht, weil … im Gegenteil. Ich glaube eher, dass …

a) Wir meinen, gute Freunde _____ .

b) Wir denken, dass Politiker _____ .

c) Nach unserer Ansicht ist es falsch, _____ .

d) Wir meinen, eine gute Lehrerin _____ .

e) Wir glauben, dass das Leben vor 100 Jahren _____ .

f) Wir halten es für richtig, _____ .

g) Wir mögen Menschen, die _____ .

h) Wir hoffen, _____ .

i) Wir glauben, alle Menschen _____ .

j) Wir meinen, die Menschen sollten nicht so viel _____ .

k) Liebe bedeutet für uns _____ .

l) Wir glauben, die heutige Jugend _____ .

m) Es stört uns, _____ .

n) Wir sind der Ansicht, man sollte _____ .

10   Berufe und Eigenschaften

Kooperatives Spiel

2–3 Spieler

▶ Spielregel siehe Seite 17

Für dieses Spiel werden zusätzlich Papier und Bleistift benötigt.

Alle Spieler notieren zunächst auf einem Zettel zu jedem Beruf fünf positive Eigenschaften, die sie für besonders wichtig halten.
Anschließend werden alle Antworten vorgelesen und miteinander verglichen. Die Spieler sollen über die Vorschläge diskutieren und sich auf die wichtigsten einigen, die dann in die Tabelle eingetragen werden.

Papier und Bleistift

mittel

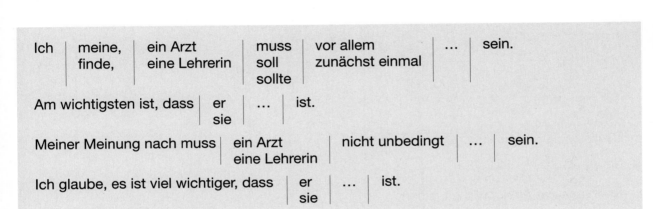

| Ich | meine,
finde, | ein Arzt
eine Lehrerin | muss
soll
sollte | vor allem
zunächst einmal | … | sein. |

Am wichtigsten ist, dass | er
sie | … | ist.

Meiner Meinung nach muss | ein Arzt
eine Lehrerin | nicht unbedingt | … | sein.

Ich glaube, es ist viel wichtiger, dass | er
sie | … | ist.

Eigenschaften \ Berufe	Entertainer	Arzt/ Ärztin	Hausmann und Vater/ Hausfrau und Mutter	Lehrer/ Lehrerin	Astronaut/ Astronautin	Sekretär/ Sekretärin	Politiker/ Politikerin	Detektiv/ Detektivin
freundlich						X		

Kombinationsspiele

Die Kombinationsspiele sind kooperative Spiele für jeweils zwei Partner.

Die Vorgaben sind – mit den entsprechenden Anweisungen – nach Spieler A/Spieler B getrennt.

Zur Kontrolle finden Sie die Lösungen der Kombinationsspiele auf Seite 101.

Kooperatives Spiel

2 Spieler

Papier und Bleistift

mittel

11   Menschen in unserer Straße 1

Spieler A

In den Häusern Nummer 1 bis Nummer 9 wohnen fünf Personen. Was wissen Sie über die Leute? Arbeiten Sie mit B zusammen und tragen Sie alle Informationen in die Zeichnung ein.

	Nr.1	Nr.3	Nr. 5	Nr.7	Nr. 9
Name					
Alter					
Beruf					
Hobbys					
Essen/ Trinken					

Ihre Informationen:

a) Die Hobbyschwimmerin und das Kind sind Nachbarinnen.

b) Der alte Mann arbeitet nicht mehr. Er ist Rentner.

c) Eine Frau trinkt gern Kaffee. Sie hat keine Zeit für Hobbys.

d) Der Rentner und der Verkäufer haben dasselbe Hobby.

e) Stefans Nachbarin ist erst sieben Jahre alt. Sie geht zur Schule.

f) Stefan ist 17 Jahre alt.

g) Die Polizistin trinkt gern Wein.

h) Herr Sänger wohnt in Nr. 9.

i) Monika fährt gern Fahrrad.

j) Frau Müller ist 39 Jahre alt.

11 Menschen in unserer Straße 1

Spieler B

In den Häusern Nummer 1 bis Nummer 9 wohnen fünf Personen. Was wissen Sie über die Leute? Arbeiten Sie mit A zusammen und tragen Sie alle Informationen in die Zeichnung ein.

	Nr. 1	Nr. 3	Nr. 5	Nr. 7	Nr. 9
Name					
Alter					
Beruf					
Hobbys					
Essen/ Trinken					

Ihre Informationen:

a) Eine Person isst gern Fleisch und liest häufig.

b) Der Rentner und das Kind essen gern Spaghetti.

c) Herr Sänger ist schon 89 Jahre alt, seine Nachbarin ist 57 Jahre alt.

d) Stefan wohnt zwischen Monika und Frau Lemke.

e) Die Frau in Nr. 1 geht oft schwimmen.

f) Monika ist erst sieben Jahre alt.

g) Die Frau ohne Hobbys wohnt in Nr. 7.

h) Der Junge arbeitet als Verkäufer.

i) Frau Lemke ist Ärztin von Beruf.

j) Eine Frau ist Polizistin.

Kooperatives Spiel

2 Spieler

Papier und Bleistift

mittel

12 Menschen in unserer Straße 2

Spieler A

In den Häusern Nummer 1 bis Nummer 9 wohnen fünf Personen. Was wissen Sie über die Leute? Arbeiten Sie mit B zusammen und tragen Sie alle Informationen in die Zeichnung ein.

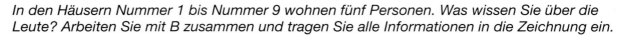

	Nr.1	Nr.3	Nr. 5	Nr.7	Nr. 9
Name					
Familien-stand					
Kinder					
Beruf					
Hobbys					

Ihre Informationen:

a) Herr Sänger ist Witwer. Seine Nachbarin ist geschieden.

b) Die Frau, die in Nr. 1 wohnt, hat zwei Töchter.

c) In Nr. 7 wohnen keine Kinder.

d) Die Frau, die eine Tochter hat, liest gern.

e) Frau Lemke ist Ärztin.

f) Die Frau, die verheiratet ist, spielt gern Tennis.

g) Der Witwer und die ledige Frau lesen gern.

h) Der unverheiratete Mann arbeitet als Verkäufer.

i) Frau Schulte hat eine Tochter.

j) Insgesamt wohnen sechs Kinder in den Häusern: drei Jungen und drei Mädchen.

12 Menschen in unserer Straße 2

Spieler B

In den Häusern Nummer 1 bis Nummer 9 wohnen fünf Personen. Was wissen Sie über die Leute? Arbeiten Sie mit A zusammen und tragen Sie alle Informationen in die Zeichnung ein.

	Nr. 1	Nr. 3	Nr. 5	Nr. 7	Nr. 9
Name					
Familien-stand					
Kinder					
Beruf					
Hobbys					

Ihre Informationen:

a) Die verheiratete Frau ist Polizistin.

b) In Nr. 3 wohnt ein Kind, und zwar ein Mädchen.

c) Herr Sänger wohnt in Nr. 9.

d) Herr Pacht wohnt zwischen Frau Schulte und Frau Lemke.

e) Der Mann, der gern schwimmen geht, wohnt mit seinem Sohn zusammen.

f) Herr Sänger arbeitet nicht mehr. Er ist Rentner.

g) Die Frau mit einer Tochter, die neben einem Single wohnt, ist Lehrerin.

h) Frau Müller ist verheiratet.

i) Die Frau, die gern fotografiert, hat keine Kinder.

j) Die ledige Frau mit der Tochter sowie der Mann, der zwei Söhne hat, wohnen nicht nebeneinander.

Kooperatives Spiel

13   Familienfoto

2 Spieler

Spieler A

Papier und Bleistift

Auf einem Familienfoto stehen sechs Personen nebeneinander. Was wissen Sie über die Leute? Arbeiten Sie mit B zusammen und tragen Sie alle Informationen in die Tabelle ein.

mittel

Name						
Verwandt-schafts-beziehung zu anderen Personen						
Hobbys						
Alter						

Ihre Informationen:

a) Michaels Großtante macht gern Handarbeiten.

b) Stefans Mutter malt gern, ihr Enkel auch.

c) Auf dem Foto ganz rechts ist ein Mann von 34 Jahren.

d) Michael steht links neben seiner Großmutter.

e) Sofies Nichte heißt Karla.

f) Sofies Schwiegervater heißt Paul.

g) Stefan steht rechts neben seinem Großvater, der gern liest.

h) Stefans Tante heißt Charlotte und ist 58 Jahre alt.

i) Pauls Enkel ist Sofies Sohn.

j) Die Frauen auf dem Foto sind 58, 62 und 29 Jahre alt.

13 Familienfoto

Spieler B

Auf einem Familienfoto stehen sechs Personen nebeneinander. Was wissen Sie über die Leute?
Arbeiten Sie mit A zusammen und tragen Sie alle Informationen in die Tabelle ein.

Name						
Verwandt-schafts-beziehung zu anderen Personen						
Hobbys						
Alter						

Ihre Informationen:

a) Pauls Urenkel ist fünf Jahre alt.

b) Der vierunddreißigjährige Mann heißt Stefan.

c) Stefans Kusine wandert gern.

d) Pauls Urenkel heißt Michael.

e) Charlottes Tochter steht neben ihr und Michael.

f) Sofies Schwester steht ganz links.

g) Charlottes Neffe spielt gern Tennis.

h) Pauls Schwiegertochter steht zwischen ihm und seinem Urenkel.

i) Der Enkel von Paul ist 34 Jahre alt.

j) Der älteste Mann auf dem Foto ist 86 Jahre alt.

Verhandlungsspiele

Die Verhandlungsspiele sind kooperative Spiele für jeweils zwei Partner (beim Spiel *Ein Samstag zu dritt* drei Partner).

Kooperatives Spiel

2 Spieler

Papier und Bleistift

leicht

14 Terminkalender

Spieler A

Das müssen oder wollen Sie diese Woche machen:

1. *Tragen Sie Ihre Pläne in den Terminkalender ein.*
Übrigens: Sie gehen gern früh schlafen.

2. *Sie möchten gemeinsam mit B Deutsch lernen. Schauen Sie auf*
Ihren Terminkalender und treffen Sie eine Verabredung.

zum Augenarzt gehen
die Tante besuchen
bei Freunden babysitten
ins Kino gehen
zum Yogakurs gehen
ein Auto kaufen
vier Stunden Sport treiben
eine Fahrradtour machen
den Hausputz machen

Haben Sie	am	...	um	... Uhr Zeit?	–	Ja,	das geht.
Hast du			gegen				das passt mir gut.
							da habe ich noch nichts vor.

Können wir uns vielleicht am	...	vormittags	treffen?
		nachmittags	
		abends	

	Nein,	das geht	leider nicht. Da	muss	ich ...
		da kann ich		möchte	

3. *Tragen Sie die Verabredung in Ihren Terminkalender ein. Überlegen Sie nun, was Sie mit B*
außerdem unternehmen könnten, fragen Sie ihn/sie danach und verabreden Sie sich.

Hätten Sie	Lust, mit mir ...?	–	Ja, gern. Und wann?
Hättest du			Nein, dazu habe ich keine Lust. Aber vielleicht ...

	13 Montag	**14** Dienstag	**15** Mittwoch	**16** Donnerstag	**17** Freitag	**18** Samstag	**19** Sonntag
Termine	7	7	7	7	7	7	7
	8	8	8	8	8	8	8
	9	9	9	9	9	9	9
	10	10	10	10	10	10	10
	11	11	11	11	11	11	11
	12	12	12	12	12	12	12
	13	13	13	13	13	13	13
	14	14	14	14	14	14	14
	15	15	15	15	15	15	15
	16	16	16	16	16	16	16
	17	17	17	17	17	17	17
	18	18	18	18	18	18	18
	19	19	19	19	19	19	19
	20	20	20	20	20	20	20
	21	21	21	21	21	21	21
	22	22	22	22	22	22	22

14 Terminkalender

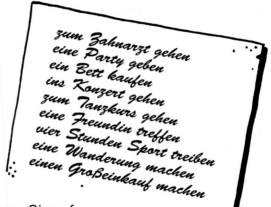

Spieler B

Das müssen oder wollen Sie diese Woche machen:

1. *Tragen Sie Ihre Pläne in den Terminkalender ein.*
Übrigens: Sie schlafen morgens gern lange.

zum Zahnarzt gehen
eine Party geben
ein Bett kaufen
ins Konzert gehen
zum Tanzkurs gehen
eine Freundin treffen
vier Stunden Sport treiben
eine Wanderung machen
einen Großeinkauf machen

2. *Sie möchten gemeinsam mit A Deutsch lernen. Schauen Sie auf Ihren Terminkalender und treffen Sie eine Verabredung.*

Haben Sie	am	...	um	... Uhr Zeit?	–	Ja,	das geht.
Hast du			gegen				das passt mir gut.
							da habe ich noch nichts vor.
Können wir uns vielleicht am		...	vormittags	treffen?			
			nachmittags				
			abends				
	Nein,	das geht	leider nicht. Da	muss	ich ...		
		da kann ich		möchte			

3. *Tragen Sie die Verabredung in Ihren Terminkalender ein. Überlegen Sie nun, was Sie mit A außerdem unternehmen könnten, fragen Sie ihn/sie danach und verabreden Sie sich.*

| Hätten Sie | Lust, mit mir ...? | – | Ja, gern. Und wann? |
| Hättest du | | | Nein, dazu habe ich keine Lust. Aber vielleicht ... |

13 Montag	**14** Dienstag	**15** Mittwoch	**16** Donnerstag	**17** Freitag	**18** Samstag	**19** Sonntag
Termine 7	7	7	7	7	7	7
8	8	8	8	8	8	8
9	9	9	9	9	9	9
10	10	10	10	10	10	10
11	11	11	11	11	11	11
12	12	12	12	12	12	12
13	13	13	13	13	13	13
14	14	14	14	14	14	14
15	15	15	15	15	15	15
16	16	16	16	16	16	16
17	17	17	17	17	17	17
18	18	18	18	18	18	18
19	19	19	19	19	19	19
20	20	20	20	20	20	20
21	21	21	21	21	21	21
22	22	22	22	22	22	22

Kooperatives Spiel

2 Spieler

Papier und Bleistift

mittel

15 Wie gut kennen Sie sich?

Spieler A

1. *Ergänzen Sie schriftlich die folgenden Sätze und drücken Sie jeweils aus, was für Sie gilt. Formulieren Sie dann in einem zweiten Satz, was Sie über B vermuten.*

Beispiel:		
Wenn ich Langeweile habe, gehe ich ins Kino.		
Ich glaube,	wenn Sie Langeweile haben, rufen Sie wenn du Langeweile hast, rufst du	jemanden an.

a) Wenn ich Langeweile habe, ...

b) Wenn ich allein bin, ...

c) Wenn ich Stress habe, ...

d) Wenn morgens der Wecker klingelt, ...

e) Wenn plötzlich Besuch zu mir kommt, ...

f) Wenn eine Ampel rot ist und kein Auto zu sehen ist, ...

g) Wenn andere über mich lachen, ...

h) Ich freue mich, wenn ...

i) Ich ärgere mich, wenn ...

j) Ich bin zufrieden, wenn ...

k) Ich bin stolz, wenn ...

l) Ich schäme mich, wenn ...

m) Ich mache mir Sorgen, wenn ...

n) Ich muss lachen, wenn ...

2. *Sagen Sie nun, was Sie über B vermuten. B sagt Ihnen dann, ob Ihre Annahmen stimmen oder nicht.*

3. *Hören Sie schließlich, was B über Sie sagt. Sagen Sie B, ob seine/ihre Vermutungen richtig oder falsch sind. Wenn ein Satz nicht stimmt, korrigieren Sie B.*

Ja, das	stimmt. ist richtig.
Nein, das	stimmt nicht ganz. ist nicht ganz richtig.
Nein, das	ist falsch. stimmt überhaupt nicht.

15   Wie gut kennen Sie sich?

Spieler B

1. *Ergänzen Sie schriftlich die folgenden Sätze und drücken Sie jeweils aus, was für Sie gilt.*
Formulieren Sie dann in einem zweiten Satz, was Sie über A vermuten.

Beispiel:		
Wenn ich Langeweile habe, gehe ich ins Kino.		
Ich glaube,	wenn Sie Langeweile haben, rufen Sie wenn du Langeweile hast, rufst du	jemanden an.

a) Wenn ich Langeweile habe, ...

b) Wenn ich allein bin, ...

c) Wenn ich Stress habe, ...

d) Wenn morgens der Wecker klingelt, ...

e) Wenn plötzlich Besuch zu mir kommt, ...

f)   Wenn eine Ampel rot ist und kein Auto zu sehen ist, ...

g) Wenn andere über mich lachen, ...

h) Ich freue mich, wenn ...

i)   Ich ärgere mich, wenn ...

j)   Ich bin zufrieden, wenn ...

k) Ich bin stolz, wenn ...

l)   Ich schäme mich, wenn ...

m) Ich mache mir Sorgen, wenn ...

n) Ich muss lachen, wenn ...

2. *Hören Sie nun, was A über Sie sagt. Sagen Sie A, ob seine/ihre Vermutungen richtig oder*
falsch sind. Wenn ein Satz nicht stimmt, korrigieren Sie A.

Ja, das	stimmt. ist richtig.
Nein, das	stimmt nicht ganz. ist nicht ganz richtig.
Nein, das	ist falsch. stimmt überhaupt nicht.

3. *Sagen Sie schließlich, was Sie über A vermuten. A sagt Ihnen dann, ob Ihre Annahmen*
stimmen oder nicht.

Kooperatives Spiel

2 Spieler

mittel

16 Drudel

Spieler A

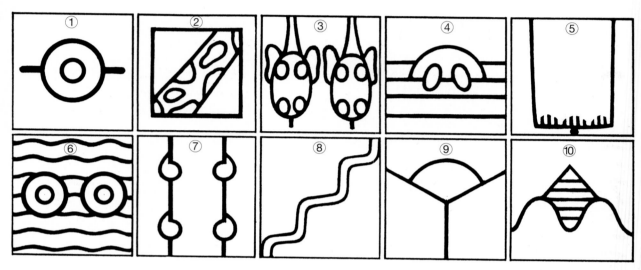

1. *Was ist das? Überlegen Sie gemeinsam mit B. Sie haben ein paar Hilfen zu den Bildern, B hat andere Hilfen.*

Beispiel:

Nummer 1 ist vielleicht ein Mexikaner (A), der Fahrrad fährt (B).

---

zwei Elefanten	an einer Pyramide vorbeigehen
eine Frau	einer Ameise den Rücken kratzen
ein Mexikaner	an einem Fenster vorbeigehen
ein Mann	im Meer schwimmen
ein Bär	eine Treppe hochkriechen

2. *Gibt es noch andere Möglichkeiten? Diskutieren Sie mit B und suchen Sie gemeinsam nach weiteren Lösungen.*

Könnte die Nummer 6 nicht auch eine Brille sein, die im Wasser schwimmt?

Für mich ist die Nummer 5 ein Stück Holz, das auf einer Erbse steht.

Nummer 8 kann die Spur eines Skiläufers sein, der Slalom fährt.

16 Drudel

Spieler B

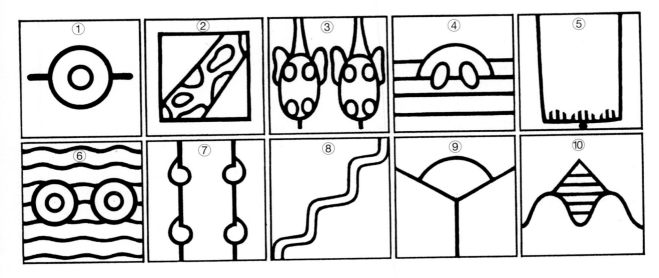

1. *Was ist das? Überlegen Sie gemeinsam mit A. Sie haben ein paar Hilfen zu den Bildern,
A hat andere Hilfen.*

> *Beispiel:*
>
> Nummer 1 ist vielleicht ein Mexikaner (A), der Fahrrad fährt (B).

eine Schlange	eine Treppe putzen
zwei Mexikaner	auf einen Baum klettern
ein Elefant	Zeitung lesen
ein Kamel	ein Sonnenbad nehmen
eine Giraffe	Fahrrad fahren

2. *Gibt es noch andere Möglichkeiten? Diskutieren Sie mit A und suchen Sie gemeinsam nach
weiteren Lösungen.*

Könnte die Nummer 6 nicht auch eine Brille sein, die im Wasser schwimmt?

Für mich ist die Nummer 5 ein Stück Holz, das auf einer Erbse steht.

Nummer 8 kann die Spur eines Skiläufers sein, der Slalom fährt.

17 Morgenroutine

Kooperatives Spiel

Spieler A

2 Spieler

In welcher Reihenfolge machen die Leute bestimmte Dinge? Was machen sie gleichzeitig? Nummerieren Sie die Aktivitäten.

Papier und Bleistift

Beispiel:

Herr Anders: sich die Zähne putzen ②   –   frühstücken ①   –   Nachrichten hören ③

oder: sich die Zähne putzen ②   –   frühstücken ①   –   Nachrichten hören ①

---

mittel

Frau Best: sich anziehen ◯   –   sich schminken ◯   –   Kaffee trinken ◯

Herr Caesar: sich rasieren ◯   –   den Wetterbericht hören ◯   –   Zeitung lesen ◯

Frau Doll: ihre Bluse bügeln ◯   –   frühstücken ◯   –   Brötchen holen ◯

Ingo: seine Schultasche packen ◯   –   sich waschen ◯   –   sich kämmen ◯

Herr Edel: eine Zigarette rauchen ◯   –   Tee trinken ◯   –   zur Toilette gehen ◯

Frau Fink: ihre Kontaktlinsen einsetzen ◯   –   singen ◯   –   baden ◯

1. *Nennen Sie nun B Ihre Vermutungen. B sagt Ihnen, ob Ihre Vermutungen richtig sind oder nicht.*

2. *B hat Vermutungen über andere Personen, über die Sie genaue Informationen besitzen. Vergleichen Sie und korrigieren Sie falsche Annahmen von B.*

Herr Gut: sich Brote fürs Büro machen ②   –   seine Brille suchen ①   –   ein Ei essen ③

Frau Heim: duschen ③   –   ihren Mann wecken ①   –   Kaffee kochen ②

Herr Immel: aufstehen ①   –   in den Spiegel blicken ②   –   die Kaffeemaschine einschalten ③

Sabine: sich die Haare fönen ③   –   duschen ②   –   frühstücken ①

Frau Jeschke: eine Scheibe Brot essen ①   –   Nachrichten hören ①   –   ihren Schlüssel suchen ②

Herr Klein: aus dem Fenster schauen ②   –   sich anziehen ③   –   sich die Zähne putzen ①

17 Morgenroutine

Spieler B

In welcher Reihenfolge machen die Leute bestimmte Dinge? Was machen sie gleichzeitig?
Nummerieren Sie die Aktivitäten.

Beispiel:

Herr Anders: sich die Zähne putzen ②   –   frühstücken ①   –   Nachrichten hören ③

oder: sich die Zähne putzen ②   –   frühstücken ①   –   Nachrichten hören ①

Herr Gut: sich Brote fürs Büro machen ○   –   seine Brille suchen ○   –   ein Ei essen ○

Frau Heim: duschen ○   –   ihren Mann wecken ○   –   Kaffee kochen

Herr Immel: aufstehen ○   –   in den Spiegel blicken ○   –   die Kaffeemaschine einschalten ○

Sabine: sich die Haare fönen ○   –   duschen ○   –   frühstücken ○

Frau Jeschke: eine Scheibe Brot essen ○   –   Nachrichten hören ○   –   ihren Schlüssel suchen ○

Herr Klein: aus dem Fenster schauen ○   –   sich anziehen ○   –   sich die Zähne putzen ○

1. *A hat Vermutungen über andere Personen, über die Sie genaue Informationen besitzen.*
   Vergleichen Sie und korrigieren Sie falsche Annahmen von A.

Frau Best: sich anziehen ②   –   sich schminken ③   –   Kaffee trinken ①

Herr Caesar: sich rasieren ①   –   den Wetterbericht hören ①   –   Zeitung lesen ②

Frau Doll: ihre Bluse bügeln ①   –   frühstücken ③   –   Brötchen holen ②

Ingo: seine Schultasche packen ③   –   sich waschen ②   –   sich kämmen ①

Herr Edel: eine Zigarette rauchen ②   –   Tee trinken ①   –   zur Toilette gehen ③

Frau Fink: ihre Kontaktlinsen einsetzen ②   –   singen ①   –   baden ①

2. *Nennen Sie nun A Ihre Vermutungen. A sagt Ihnen, ob Ihre Vermutungen richtig sind oder*
   nicht.

Kooperatives Spiel

2 Spieler

mittel

18 Was ist der Grund?

Spieler A

1. *Lesen Sie die folgenden Sätze und versuchen Sie, die Gründe zu erraten. Sie haben fünf Versuche pro Satz. Teilen Sie B Ihre Vermutungen mit. B sagt Ihnen dann, ob sie richtig oder falsch sind.*

> *Beispiel:*
>
> Herr Klein geht heute früher nach Hause.
>
> Warum geht Herr Klein heute früher nach Hause? – Vielleicht, weil er Besuch erwartet.

a) Frau Maier ist heute morgen ein bisschen nervös.

b) Frau Obers telefoniert jeden Tag sieben bis acht Stunden.

c) Herr Abel möchte nicht heiraten.

d) Herr Bresch steht Tag für Tag stundenlang vor dem Spiegel.

e) Frau Evans spricht sehr gut Deutsch.

f)   Herr Fürst hat heute morgen Kopfschmerzen.

2. *B versucht nun, Gründe zu erraten. Sie besitzen die richtigen Informationen. Sagen Sie B, ob seine/ihre Vermutungen richtig oder falsch sind. B hat fünf Rateversuche pro Satz.*

Herr Oll schaut sich nie Videofilme an, weil er keinen Videorecorder hat.

Herr Schmidt ist heute sehr müde, weil er die ganze Nacht einen Thriller gelesen hat.

Frau März braucht Kleingeld, weil sie am Automaten Zigaretten kaufen will.

Frau Taler hat schon seit zwei Tagen nicht mehr mit ihrem Mann gesprochen, weil er auf Geschäftsreise ist.

Viele Leute gehen gar nicht gern zu Frau Dressel, weil sie Zahnärztin ist.

Herr Geier ist im Krankenhaus, weil er dort seine kranke Schwester besucht.

18 Was ist der Grund?

Spieler B

1. *A versucht, Gründe zu erraten. Sie besitzen die richtigen Informationen. Sagen Sie A, ob seine/ihre Vermutungen richtig oder falsch sind. A hat fünf Rateversuche pro Satz.*

Frau Maier ist heute morgen ein bisschen nervös, weil sie am Nachmittag einen Termin beim Zahnarzt hat.

Frau Obers telefoniert jeden Tag sieben bis acht Stunden, weil sie bei der Telefonauskunft arbeitet.

Herr Abel möchte nicht heiraten, weil er schon verheiratet ist.

Herr Bresch steht Tag für Tag stundenlang vor dem Spiegel, weil er Friseur ist.

Frau Evans spricht sehr gut Deutsch, weil sie in Deutschland studiert hat.

Herr Fürst hat heute morgen Kopfschmerzen, weil er gestern zu viel getrunken hat.

2. *Lesen Sie die folgenden Sätze und versuchen Sie, die Gründe zu erraten. Sie haben fünf Versuche pro Satz. Teilen Sie A Ihre Vermutungen mit. A sagt Ihnen dann, ob sie richtig oder falsch sind.*

> *Beispiel:*
>
> Herr Klein geht heute früher nach Hause.
>
> Warum geht Herr Klein heute früher nach Hause? – Vielleicht, weil er Besuch erwartet.

a) Herr Oll schaut sich nie Videofilme an.

b) Herr Schmidt ist heute sehr müde.

c) Frau März braucht Kleingeld.

d) Frau Taler hat schon seit zwei Tagen nicht mehr mit ihrem Mann gesprochen.

e) Viele Leute gehen gar nicht gern zu Frau Dressel.

f) Herr Geier ist im Krankenhaus.

Kooperatives Spiel

2 Spieler

schwer

19 Optimist und Pessimist

Spieler A

1. *Sie sehen das Leben und die Menschen positiv. Sie erwarten immer das Beste. Hier sind ein paar Ereignisse, die schon passiert sind oder bald passieren werden. Sprechen Sie mit B darüber.*

> *Beispiel:*
>
> Ein Freund von Ihnen und B will Sie an Weihnachten besuchen.
>
> *Als Optimist könnten Sie zum Beispiel sagen:*
>
> Ich freue mich sehr auf seinen Besuch. Es wird bestimmt wieder sehr lustig. Er ist ein netter Mensch. Vermutlich wird er ein tolles Geschenk mitbringen.

a) Ein Freund von Ihnen und B geht heute abend ins Spielkasino.

b) B geht morgen zu einer Routineuntersuchung beim Arzt.

c) Sie wollen in drei Monaten heiraten.

d) Zwei Polizisten möchten mit Ihrer Lehrerin/Ihrem Lehrer sprechen.

e) Ein junges Ehepaar mit drei Kindern ist neben B eingezogen.

f) Sie fahren nächste Woche in Urlaub.

2. *Nun tauschen Sie die Rollen. Sie sehen jetzt das Leben und die Menschen negativ. Sie erwarten immer das Schlechteste. Sprechen Sie mit B über die folgenden Ereignisse.*

> *Beispiel:*
>
> Ein Freund von Ihnen und B will Sie an Weihnachten besuchen.
>
> *Als Pessimist könnten Sie zum Beispiel sagen:*
>
> Von seinem Besuch bin ich ich überhaupt nicht begeistert. Es wird bestimmt wieder schrecklich langweilig. Ich finde, das ist ein merkwürdiger Mensch. Außerdem wird er wahrscheinlich kein einziges Geschenk mitbringen.

g) Zwei Freunde von Ihnen und B machen eine Bergtour.

h) Eine Bekannte von Ihnen und B hat gerade ein Baby bekommen.

i) B hat auf eine Stellenanzeige in der Zeitung geantwortet. Morgen geht B zu einem Vorstellungsgespräch.

j) Sie geben morgen Abend eine große Party.

k) Ein Freund von Ihnen und B hat Geld im Lotto gewonnen.

l) B fährt in zwei Wochen in Urlaub.

19   Optimist und Pessimist

Spieler B

1. *Sie sehen das Leben und die Menschen negativ. Sie erwarten immer das Schlechteste. Hier sind ein paar Ereignisse, die schon passiert sind oder bald passieren werden. Sprechen Sie mit A darüber.*

> *Beispiel:*
>
> Ein Freund von Ihnen und A will Sie an Weihnachten besuchen.
>
> *Als Pessimist könnten Sie zum Beispiel sagen:*
>
> Von seinem Besuch bin ich ich überhaupt nicht begeistert. Es wird bestimmt wieder schrecklich langweilig. Ich finde, das ist ein merkwürdiger Mensch. Außerdem wird er wahrscheinlich kein einziges Geschenk mitbringen.

a) Ein Freund von Ihnen und A geht heute abend ins Spielkasino.
b) Sie müssen morgen zu einer Routineuntersuchung beim Arzt.
c) A will in drei Monaten heiraten.
d) Zwei Polizisten möchten mit Ihrer Lehrerin/Ihrem Lehrer sprechen.
e) Ein junges Ehepaar mit drei Kindern ist neben Ihnen eingezogen.
f) A fährt nächste Woche in Urlaub.

2. *Nun tauschen Sie die Rollen. Sie sehen jetzt das Leben und die Menschen positiv. Sie erwarten immer das Beste. Sprechen Sie mit A über die folgenden Ereignisse.*

> *Beispiel:*
>
> Ein Freund von Ihnen und A will Sie an Weihnachten besuchen.
>
> *Als Optimist könnten Sie zum Beispiel sagen:*
>
> Ich freue mich sehr auf seinen Besuch. Es wird bestimmt wieder sehr lustig. Er ist ein netter Mensch. Vermutlich wird er ein tolles Geschenk mitbringen.

g) Zwei Freunde von Ihnen und A machen eine Bergtour.
h) Eine Bekannte von Ihnen und A hat gerade ein Baby bekommen.
i) Sie haben auf eine Stellenanzeige in der Zeitung geantwortet. Morgen gehen Sie zu einem Vorstellungsgespräch.
j) A gibt morgen Abend eine große Party.
k) Ein Freund von Ihnen und A hat Geld im Lotto gewonnen.
l) Sie fahren in zwei Wochen in Urlaub.

Kooperatives Spiel

3 Spieler

mittel

20   Ein Samstag zu dritt

Spieler A

Sie möchten zusammen mit B und C einen Samstag verbringen. Das ist Ihr Plan:

- Sie möchten den Tag am See verbringen, dabei ein Sonnenbad nehmen, lesen und Karten spielen.
- Mittags möchten Sie picknicken. Sagen Sie auch, was Sie dafür mitnehmen wollen.
- Für den Abend planen Sie eine große Party in Ihrem Garten. Sagen Sie, wen Sie dazu einladen möchten.

Überzeugen Sie B und C von Ihrem Plan.

Ich	habe eine Idee:	...
	meine, wir sollten	
	würde gern	

Wir könnten doch ...
Wie wäre es, wenn wir ...

Spieler B

Sie möchten zusammen mit A und C einen Samstag verbringen. Das ist Ihr Plan:

- Sie möchten früh aufstehen und eine lange Wanderung machen.
- Mittags möchten Sie picknicken. Sagen Sie auch, was Sie dafür mitnehmen wollen.
- Am Abend wollen Sie ins Kino und anschließend in die Diskothek gehen. Sagen Sie, welchen Film Sie gerne sehen möchten.

Überzeugen Sie A und C von Ihrem Plan.

Ich	habe eine Idee:	...
	meine, wir sollten	
	würde gern	

Wir könnten doch ...
Wie wäre es, wenn wir ...

20 Ein Samstag zu dritt

Spieler C

Sie möchten zusammen mit A und B einen Samstag verbringen. Das ist Ihr Plan:

– Sie möchten A und B zum Frühstück einladen und anschließend einen Einkaufsbummel mit ihnen machen.

– Mittags möchten Sie eine Kleinigkeit im Schnellimbiss essen und danach einen gemeinsamen Freund besuchen.

– Am Abend wollen Sie in einem sehr guten Restaurant essen. Sagen Sie auch, um welches Restaurant es sich handelt und welche Spezialitäten es dort gibt.

Überzeugen Sie A und B von Ihrem Plan.

Ich	habe eine Idee: meine, wir sollten würde gern	...

Wir könnten doch ...
Wie wäre es, wenn wir ...

Würfelspiele
Schlangen und Leitern

Die Würfelspiele der Gruppe Schlangen und Leitern sind Wettbewerbsspiele für kleine Gruppen (drei bis fünf Spieler).

Benötigt werden eine Spielfigur pro Spieler, ein Würfel und Streichhölzer.

Spielregel zu allen Würfelspielen der Gruppe Schlangen und Leitern:

Alle Spieler setzen zunächst ihre Spielfigur auf das Startfeld.

Der erste Spieler würfelt und zieht seine Figur. Er kommt auf ein Spielfeld und muss versuchen, die gestellte Aufgabe zu lösen. Gelingt ihm das, so erhält er ein Streichholz. Kann er die Aufgabe nicht richtig lösen, so muss er ein Feld zurück. Liegt das Feld am Fuß einer Leiter, muss er zwei Felder zurück. Gerät er beim Zurückgehen auf ein Feld mit Schlangenkopf, muss er ans Ende der Schlange.

Dann würfelt der nächste Spieler.

Allgemein gilt: Wer mit seiner Spielfigur auf das Feld am Fuß einer Leiter kommt, darf die Leiter hochklettern. Wer auf ein Feld mit Schlangenkopf gerät, muss ans Ende der Schlange.

Es gibt zwei Gewinner: den Glückspilz, der als erster ins Ziel kommt, und den Könner, der die meisten Aufgaben richtig gelöst hat.

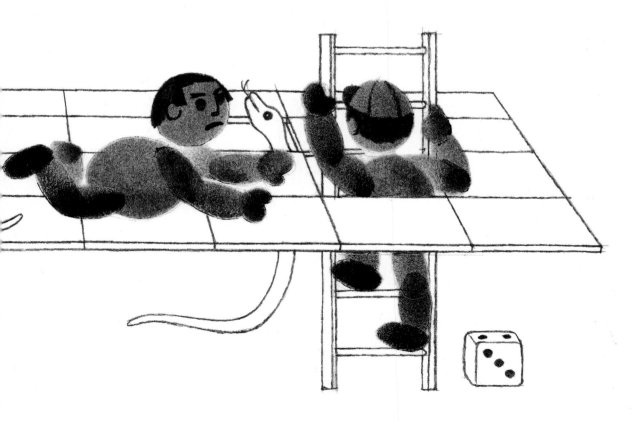

21 Im Restaurant

Wettbewerbsspiel

3 – 5 Spieler

1 Spielfigur
pro Spieler

1 Würfel

Streichhölzer

leicht

▶ Spielregel siehe Seite 49

ZIEL

START

Sie zahlen und bitten die Bedienung um Kleingeld zum Telefonieren.

Sie bestellen ein Dessert.

Sie wissen nicht, was Sie essen wollen und fragen die Bedienung um Rat.

Sie möchten vom Restaurant aus telefonieren. Sie fragen die Bedienung.

Sie möchten ein Dessert bestellen. Darum möchten Sie noch einmal die Speisekarte.

Sie möchten gern Salz haben.

Sie bestellen ein Steak mit Pommes frites. Sie möchten Mayonnaise auf die Pommes frites.

Sie möchten zahlen und fragen nach der Rechnung.

Sie zahlen. Sie brauchen eine Quittung.

Sie haben eine Suppe bekommen, aber keinen Löffel.

Sie bestellen ein Eis. Sie möchten aber keine Sahne, lieber Schokoladensauce.

Sie möchten ein Steak. Sie möchten dazu aber keine Kartoffeln, lieber Salat.

Sie haben ein Bier bekommen, aber es ist ganz warm.

Sie möchten gern mit Scheck/Kreditkarte zahlen.

Sie bestellen eine Vorspeise und ein Hauptgericht.

Sie haben ein Kotelett bekommen, aber kein Messer.

Sie haben eine Flasche Wein bekommen, aber kein Glas.

Sie möchten lieber an einem Tisch in der Nähe des Fensters sitzen.

Der Kellner bringt eine Suppe, aber sie ist kalt.

Sie möchten gern eine Kinderportion Eis. Sie wissen nicht, ob das möglich ist.

Sie haben einen Kaffee bekommen, aber keinen Zucker.

Sie sind mit Ihrem Kind im Restaurant. Sie möchten eine Portion Nudeln, aber 2 Teller.

Sie möchten nichts essen, nur etwas trinken.

Sie möchten die Speisekarte haben.

Sie möchten bestellen.

Sie haben ein Eis mit Sahne bekommen, aber die Sahne ist nicht frisch.

22 Wünsche und Bitten

Wettbewerbsspiel

3 – 5 Spieler

1 Spielfigur
pro Spieler

1 Würfel

Streichhölzer

mittel

▶ Spielregel siehe Seite 49

Kann ich	vielleicht mal	… ?
Könnte ich	mal	
Darf ich		
Dürfte ich		

Können Sie	mir bitte … ?
Kannst du	
Könnten Sie	
Könntest du	
Würden Sie	
Würdest du	

ZIEL

Ihre Lehrerin spricht sehr schnell. Sie verstehen sie nicht.

Sie telefonieren. Sie möchten Frau Alt sprechen. Ihre Sekretärin ist am Telefon.

Eine Mitschülerin spricht über ein interessantes Buch. Sie möchten es gern von ihr ausleihen.

Aus einem Radio im Zimmer kommt sehr laut Musik. Sie möchten, dass man es leiser stellt.

Sie sind krank und können nicht zum Deutschkurs kommen. Sie möchten, dass ein Mitschüler die Lehrerin informiert.

Sie müssen eine sehr schwere Hausaufgabe machen. Das können Sie nicht allein.

Es ist Ihnen heiß. Das Fenster ist geschlossen.

Sie wollen etwas notieren, haben aber keinen Kugelschreiber.

Sie sitzen beim Essen. Sie möchten das Salz haben.

Sie müssen einen wichtigen Brief abschicken. Sie haben aber keine Zeit, ihn zum Briefkasten zu bringen.

Sie brauchen 30 Cent zum Telefonieren. Sie haben aber kein Geld bei sich.

Es ist Ihnen kalt. Das Fenster steht offen.

Sie brauchen ein Blatt Papier. Sie haben aber keins.

Sie trinken Kaffee. Sie möchten Zucker haben.

Sie möchten zwei Wochen Urlaub machen. Sie haben einen Hund, den Sie nicht mitnehmen können.

Sie müssen weggehen. Eine Mitschülerin soll auf Ihre Sachen aufpassen.

Sie sind auf der Bank. Sie haben 500 Euro. Sie möchten dafür amerikanische Dollar.

Sie möchten gern einen Kaffee aus dem Automaten, aber Sie haben kein Kleingeld.

Sie fühlen sich nicht wohl. Sie möchten gern ein Glas Wasser trinken.

Sie sind im Café. Sie möchten zahlen.

Sie möchten gern die Telefonnummer von einer Mitschülerin.

Eine Mitschülerin hat Schokolade mitgebracht. Sie möchten gern mal probieren.

Sie möchten am Wochenende eine Wanderung machen. Sie haben aber keinen Rucksack.

Sie sind zu Besuch und möchten gern telefonieren.

Sie kochen gerade. Es fehlt Ihnen ein Ei. Sie klingeln bei Ihrer Nachbarin.

START

23 Gefühle

3 – 5 Spieler

► Spielregel siehe Seite 49

Hier geht es darum, die Verben mit den jeweils passenden Präpositionen zu verbinden und damit Sätze zu bilden. Wer einen inhaltlich sinnvollen *und* grammatisch korrekten Satz vorschlägt, erhält ein Streichholz.

1 Spielfigur
pro Spieler

Varianten:
Die Sätze können, je nach Kenntnisstand der Lernenden, im Präsens oder im Perfekt gebildet werden.
Zur Einübung des Konjunktivs II kann der Spielleiter auch vorschlagen, dass sich der Spieler über einen Mitspieler äußern soll.

1 Würfel

Ich ärgere mich über das schlechte Wetter.

Klaus ist mit seiner Note zufrieden.

Petra hat sich vor einem bellenden Hund gefürchtet.

Ich glaube, | Herr/Frau Alpha würde sich über Blumen freuen.
| Klaus wäre mit diesem Geschenk zufrieden.

Streichhölzer

Folgende Präpositionen werden benötigt:

an, auf, für, in, mit, nach, über, um, von, vor

schwer

ZIEL

sich amüsieren

beneiden

wütend sein

unzufrieden sein

sich aufregen

Spaß haben

sich streiten

sich ärgern

glücklich sein

sich freuen

Mitleid haben

sich begeistern

stolz sein

staunen

überrascht sein

sich ekeln

sich fürchten

hoffen

sich verlieben

sich nicht interes-sieren

sich sehnen

zufrieden sein

enttäuscht sein

traurig sein

sich interes-sieren

sich Sorgen machen

schwärmen

START

24   Warum und wozu?

Wettbewerbsspiel

3 – 5 Spieler

1 Spielfigur
pro Spieler

1 Würfel

Streichhölzer

schwer

▶ Spielregel siehe Seite 49

Hier geht es darum, die Sätze auf den einzelnen Spielfeldern zu ergänzen. Wer einen inhaltlich sinnvollen *und* grammatisch korrekten Satz vorschlägt, erhält ein Streichholz.

Viele Menschen sparen,	weil sie mit dem Geld in Urlaub fahren wollen. damit sie mit dem Geld in Urlaub fahren können. um mit dem Geld in Urlaub zu fahren.

ZIEL

Jede Gesellschaft braucht Künstler, …	Kinder sollten Aufgaben im Haushalt übernehmen, …	Viele Leute trinken Alkohol, …	Viele Leute schauen sich jeden Tag Videos an, …	Viele Leute machen Diäten, …	Viele Menschen kleiden sich nach der neuesten Mode, …
Es sollten mehr Frauen in führenden Positionen arbeiten, …	Menschen lügen, …	Manche Leute nehmen Drogen, …	Hausaufgaben sind wichtig, …		Menschen machen einander Geschenke, …
Viele Frauen schminken sich, …	Einige Leute heiraten nicht, …		Man sollte sich höflich verhalten, …	Viele Menschen heiraten, …	Viele Menschen möchten ein eigenes Haus haben, …
Kinder müssen zur Schule gehen, …	Viele Leute möchten möglichst viel Geld verdienen, …	Ich lerne Deutsch, …	Viele Leute fahren im Urlaub in andere Länder, …	Einige Leute halten sich ein Haustier, …	Einige Leute kaufen sich teure Autos, …
	Männer sollten sich an der Hausarbeit beteiligen, …		Menschen brauchen Freunde, …	Viele Menschen sparen, …	Eltern sollten ihre Kinder streng erziehen, …

START

57

Würfelspiele
Rundläufe

Die Würfelspiele der Gruppe Rundläufe sollten in kleinen Gruppen (drei bis sechs Spieler) gespielt werden.

Spielregel zu allen Würfelspielen der Gruppe Rundläufe:

Alle Spieler setzen zu Beginn ihre Spielfigur auf ein beliebiges Feld. Gewürfelt wird reihum, die Spielfiguren dürfen in beide Richtungen gezogen werden.

Da es bei den Rundläufen weder Start noch Ziel gibt, sollte die Spieldauer zeitlich begrenzt werden (je nach Teilnehmerzahl zwischen 20 und 45 Minuten).

Kooperative Spiele:
Benötigt werden eine Spielfigur pro Spieler und ein Würfel.

Wettbewerbsspiele:
Benötigt werden eine Spielfigur pro Spieler, ein Würfel und Streichhölzer.
Sieger ist, wer am Ende der Spielzeit die meisten Streichhölzer besitzt.

Kooperatives Spiel

3–6 Spieler

1 Spielfigur
pro Spieler

1 Würfel

schwer

25 Träume und Wünsche

▶ Spielregel siehe Seite 59

Der erste Spieler würfelt und zieht seine Figur. Er kommt auf ein Spielfeld und sagt, welchen Wunsch er in Bezug auf das angegebene Thema hat.

Dann würfelt der nächste Spieler.

Wenn ein Spieler im Laufe des Spiels ein zweites Mal auf dasselbe Feld gerät, dann kann er die Lösung der Aufgabe einem Mitspieler überlassen.

Ich	wäre gern ein berühmter Maler.
	würde im Urlaub gern nach Italien fahren.
	möchte gern meinen Freund in Australien besuchen.
	hätte gern eine größere Wohnung.
Ich wünschte, ich	könnte Klavier spielen.
	müsste nicht so viel arbeiten.
	hätte mehr Zeit, ins Kino zu gehen.
	wäre ein bekannter Schauspieler.

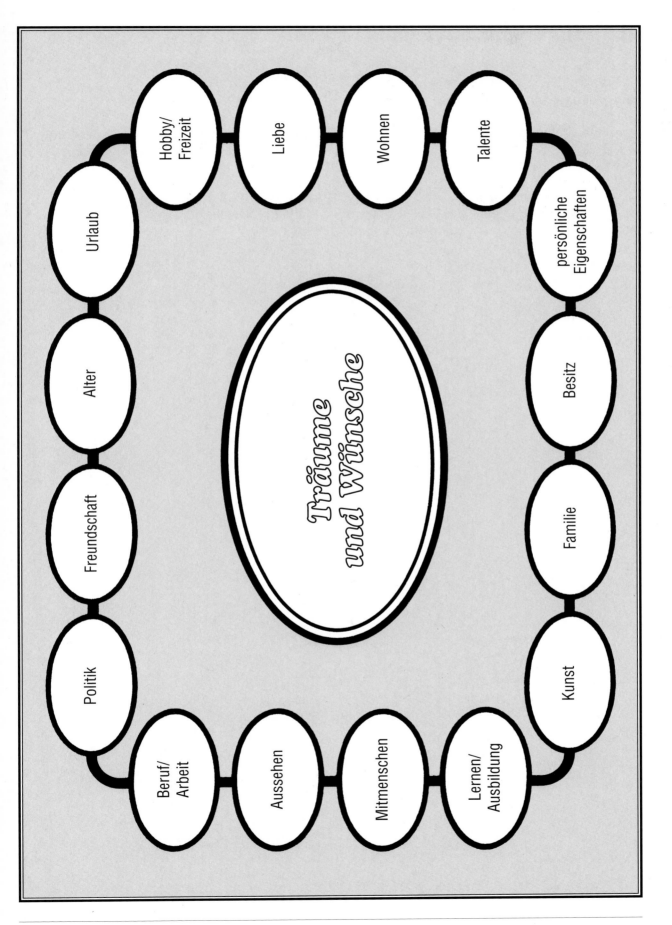

26 Wer sagt das?

Kooperatives Spiel

3 – 6 Spieler

1 Spielfigur
pro Spieler

1 Würfel

schwer

▶ Spielregel siehe Seite 59

Der erste Spieler würfelt und zieht seine Figur. Er kommt auf ein Spielfeld, liest den Text und beschreibt dann kurz eine Situation, in der dieser Text vorkommen kann, oder er formuliert einen kurzen Dialog, an dessen Ende der Text stehen kann.

Dann würfelt der nächste Spieler.

Wenn ein Spieler im Laufe des Spiels ein zweites Mal auf dasselbe Feld gerät, dann muss er sich eine neue Situation ausdenken, die zum Text passt.

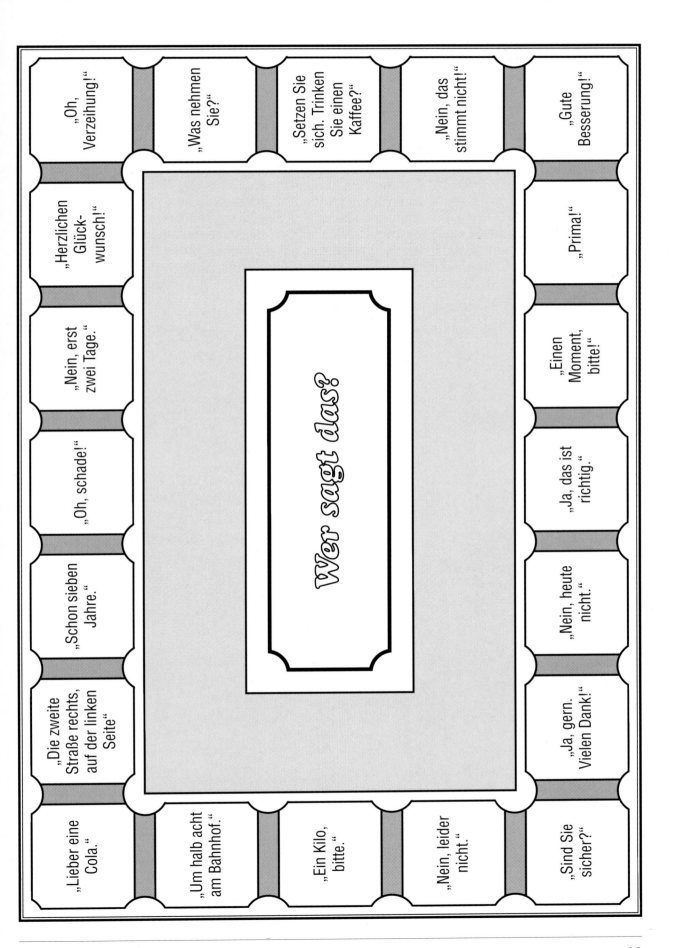

Wer sagt das?

„Oh, Verzeihung!"

„Was nehmen Sie?"

„Setzen Sie sich. Trinken Sie einen Kaffee?"

„Nein, das stimmt nicht!"

„Gute Besserung!"

„Herzlichen Glückwunsch!"

„Prima!"

„Nein, erst zwei Tage."

„Einen Moment, bitte!"

„Oh, schade!"

„Ja, das ist richtig."

„Schon sieben Jahre."

„Nein, heute nicht."

„Die zweite Straße rechts, auf der linken Seite"

„Ja, gern. Vielen Dank!"

„Lieber eine Cola."

„Um halb acht am Bahnhof."

„Ein Kilo, bitte."

„Nein, leider nicht."

„Sind Sie sicher?"

Wettbewerbsspiel

3–6 Spieler

1 Spielfigur
pro Spieler

1 Würfel

10 Streichhölzer
pro Spieler

Papier und Bleistift

leicht

27   Wie oft? – Wann? – Wie lange?

▶ Spielregel siehe Seite 59

Für dieses Spiel werden zusätzlich Papier und Bleistift benötigt.

Der erste Spieler würfelt und zieht seine Figur. Er kommt auf ein Spielfeld und stellt dann seinem Nachbarn eine Frage entweder mit *Wie oft?, Wann?* oder *Wie lange?*, je nachdem, in welcher Kombination die Frage sinnvoll ist. Der Nachbar notiert seine Antwort verdeckt auf einem Zettel. Der erste Spieler muss nun raten, was auf dem Zettel steht. Dafür hat er zwei Versuche; errät er die Antwort, so erhält er von seinem Nachbarn ein Streichholz. Für jede falsche Antwort muss er seinem Nachbarn ein Streichholz geben.

Anschließend würfelt der nächste Spieler.

Wer vor Ablauf der festgelegten Zeit seine zehn Streichhölzer verliert, scheidet aus dem Spiel aus.

Wie oft?	jeden Tag	einmal pro	Tag	alle zwei	Stunden
	jedes Jahr		Woche		Tage
	nie		Monat		Jahre

Wann?	um	zehn Uhr	zwischen acht und neun Uhr			
	gegen	halb fünf				
	morgens	montags	im	Januar	im	Sommer
	mittags	dienstags		Mai		Winter
	nachmittags					
	abends					
	nachts					

Wie lange?	etwa	drei Minuten
	ungefähr	eine halbe Stunde
		den ganzen Tag

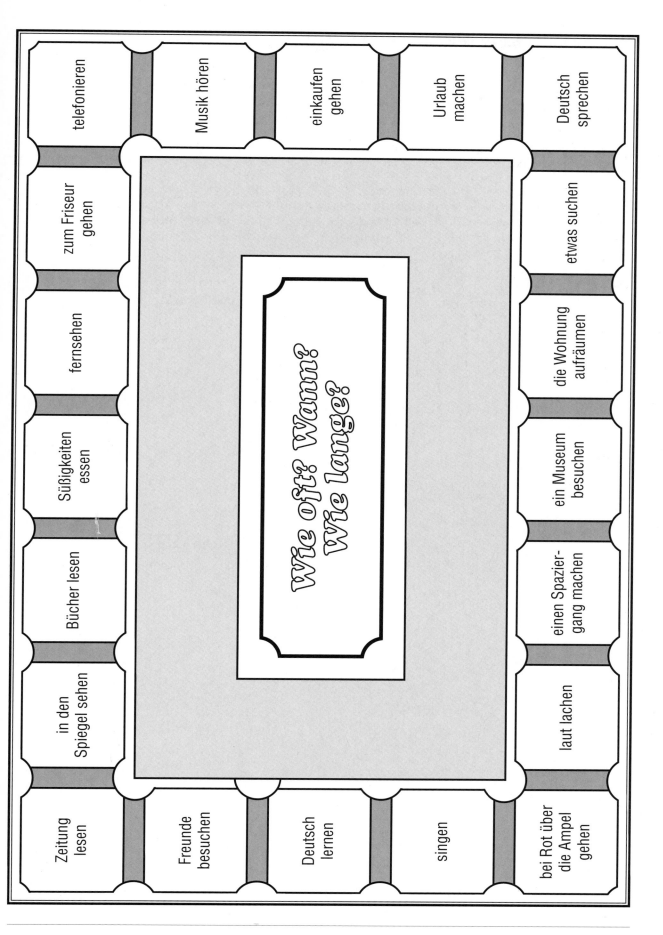

telefonieren

Musik hören

einkaufen gehen

Urlaub machen

Deutsch sprechen

zum Friseur gehen

etwas suchen

fernsehen

die Wohnung aufräumen

Süßigkeiten essen

ein Museum besuchen

Bücher lesen

einen Spazier-gang machen

in den Spiegel sehen

laut lachen

Zeitung lesen

Freunde besuchen

Deutsch lernen

singen

bei Rot über die Ampel gehen

Wie oft? Wann? Wie lange?

Wettbewerbsspiel

3–6 Spieler

1 Spielfigur
pro Spieler

1 Würfel

10 Streichhölzer
pro Spieler

Papier und Bleistift

mittel

28 Was ist Ihnen lieber?

▶ Spielregel siehe Seite 59

Für dieses Spiel werden zusätzlich Papier und Bleistift benötigt.

Der erste Spieler würfelt und zieht seine Figur. Er kommt auf ein Spielfeld, vervollständigt die Frage und stellt sie dann seinem Nachbarn. Der Nachbar notiert seine Antwort verdeckt auf einem Zettel. Der erste Spieler muss nun raten, was auf dem Zettel steht. Errät er die Antwort, so erhält er von seinem Nachbarn ein Streichholz. Ist seine Antwort falsch, muss er seinem Nachbarn ein Streichholz geben.

Anschließend würfelt der nächste Spieler.

Wer vor Ablauf der festgelegten Zeit seine zehn Streichhölzer verliert, scheidet aus dem Spiel aus.

Was	finden Sie findest du	interessanter:	lesen oder fernsehen? Bücher oder Filme?
Ich	finde, glaube, meine, denke,	lesen ist interessanter als fernsehen. Bücher sind interessanter als Filme.	
Für mich	ist lesen interessanter als fernsehen. sind Bücher interessanter als Filme.		
Ich	habe mag	Bücher lieber als Filme.	

Ich interessiere mich mehr für Bücher als für Filme.

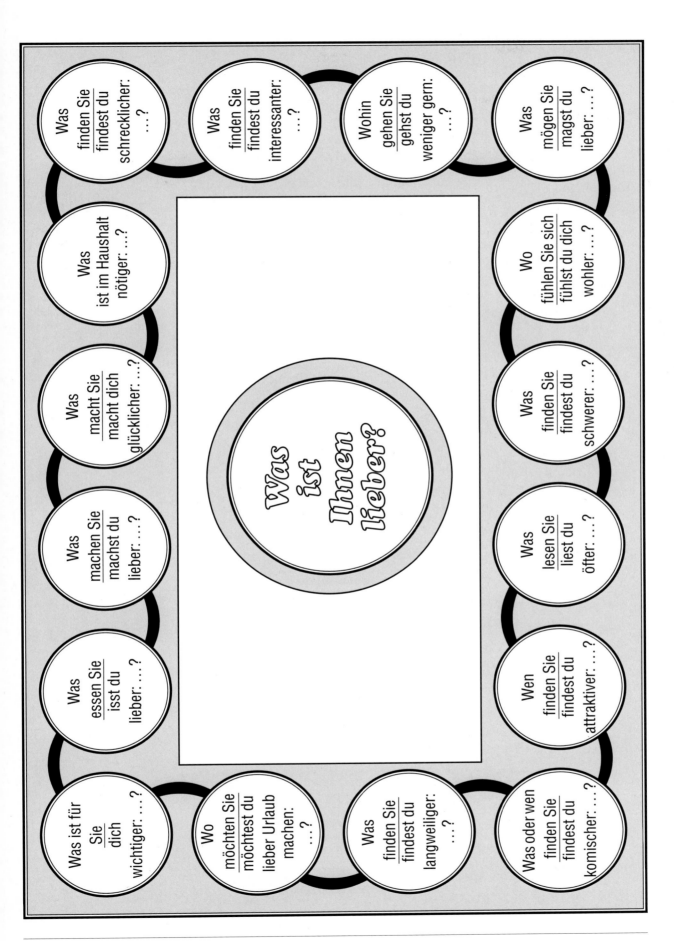

Wettbewerbsspiel

3–6 Spieler

1 Spielfigur
pro Spieler

1 Würfel

Streichhölzer

mittel

29 Vergleiche

▶ Spielregel siehe Seite 59

Der erste Spieler würfelt und zieht seine Figur. Er kommt auf ein Spielfeld und bildet einen Vergleich mit dem Begriffspaar. Die Mitspieler dürfen sich dazu äußern und eine Begründung verlangen, wenn ihnen der Vergleich unklar ist. Schließlich stimmen die Mitspieler ab. Diejenigen, die den Vergleich ablehnen, müssen ihre Meinung begründen. Stimmt die Mehrheit der Gruppe dem Vorschlag des ersten Spielers zu, erhält er ein Streichholz.

Dann würfelt der nächste Spieler.

Ich	finde, glaube, meine,	lesen ist interessanter als lesen ist ebenso interessant wie	fernsehen.

Ich mag lieber lesen als fernsehen, weil …

Für mich ist	lesen interessanter als lesen nicht so interessant wie	fernsehen, weil …

Ich	lese lieber, sehe lieber fern,	weil …

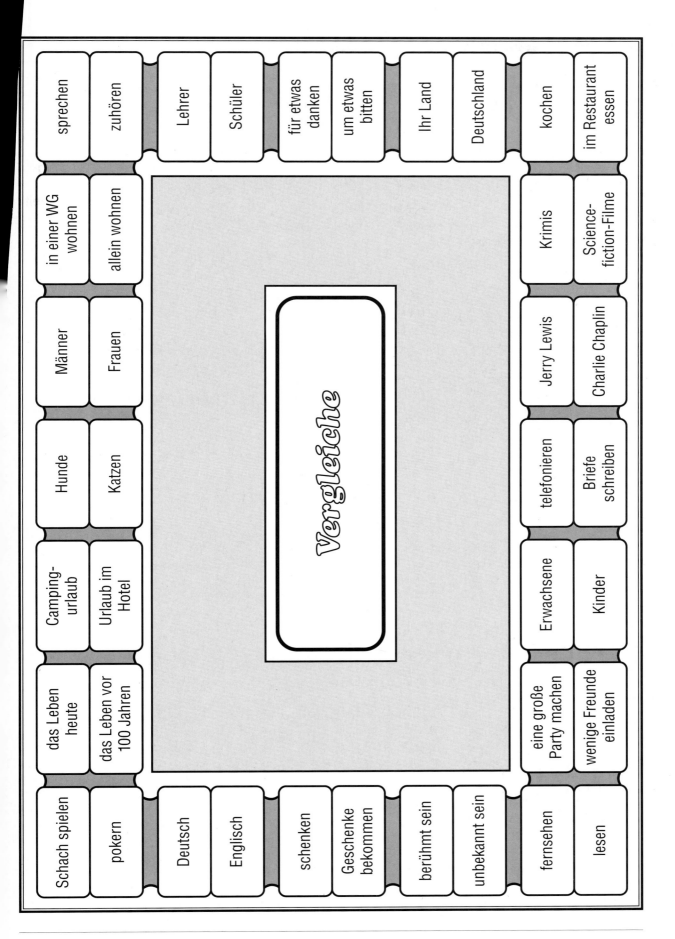

Vergleiche

sprechen — zuhören — Lehrer — Schüler — für etwas danken — um etwas bitten — Ihr Land — Deutschland — kochen — im Restaurant essen

in einer WG wohnen — allein wohnen — Krimis — Science-fiction-Filme

Männer — Frauen — Jerry Lewis — Charlie Chaplin

Hunde — Katzen — telefonieren — Briefe schreiben

Camping-urlaub — Urlaub im Hotel — Erwachsene — Kinder

das Leben heute — das Leben vor 100 Jahren — eine große Party machen — wenige Freunde einladen

Schach spielen — pokern — Deutsch — Englisch — schenken — Geschenke bekommen — berühmt sein — unbekannt sein — fernsehen — lesen

Wettbewerbsspiel

3–6 Spieler

1 Spielfigur
pro Spieler

1 Würfel

Streichhölzer

Papier und Bleistift

mittel

30 Meinungsforschung

▶ Spielregel siehe Seite 59

Für dieses Spiel werden zusätzlich Papier und Bleistift benötigt.

Der erste Spieler würfelt und zieht seine Figur. Er kommt auf ein Spielfeld und liest den Satz. Nun muss er raten, wie viele seiner Mitspieler dem Satz zustimmen. Er notiert die vermutete Zahl auf einem Zettel. Danach fragt er, wer in der Gruppe dem Satz zustimmt. Hat er richtig geraten, erhält er ein Streichholz.

Dann würfelt der nächste Spieler.

Ich vermute,	einer von Ihnen keiner von Ihnen einer von euch keiner von euch niemand hier	glaubt, denkt, meint,	dass man nie lügen sollte.
Ich nehme an,	zwei von Ihnen drei von euch alle hier	glauben, denken, meinen,	dass man nie lügen sollte.

Wer von	Ihnen euch	glaubt, denkt, meint,	dass man nie lügen sollte?

Frauen sind gefühlvoller als Männer.

Schöne Menschen haben es leichter im Leben.

Kinder brauchen manchmal Schläge.

Es gibt intelligente Wesen auf anderen Planeten.

Männer sind intelligenter als Frauen.

Alle Menschen sind Egoisten.

In hundert Jahren ist die Erde kaputt.

Frauen schminken sich für Männer.

Geld macht glücklich.

Ein Mann kann Kinder ebenso gut erziehen wie eine Frau.

Meinungs- forschung

Man sollte nie lügen.

Sport ist gut für die Gesundheit.

Die Deutschen sind kinderfeindlich.

Der Mensch ist von Natur aus gut.

Die meisten Politiker sind korrupt.

Alle Mütter lieben ihre Kinder.

Es gibt ein Leben nach dem Tod.

Mütter mit kleinen Kindern sollten nicht arbeiten.

Das Leben ist schön.

Früher war das Leben besser.

Wettbewerbsspiel

3–6 Spieler

1 Spielfigur
pro Spieler

2 Würfel

Streichhölzer

schwer

31 Wozu brauchen Sie das?

▶ Spielregel siehe Seite 59

Für dieses Spiel werden ein weißer und ein schwarzer Würfel benötigt.

Alle Spieler setzen zu Beginn ihre Spielfigur auf ein beliebiges Feld im äußeren Kreis (Objektfelder).

Der erste Spieler würfelt mit beiden Würfeln. Der weiße Würfel gehört zu den Objektfeldern; dort zieht der Spieler seine Figur entsprechend der gewürfelten Augenzahl. Der schwarze Würfel gehört zu den sechs Ortsfeldern. Die gewürfelte Augenzahl entspricht dem Ort, an dem der Gegenstand des Objektfeldes verwendet werden soll.

Der Spieler muss nun erklären, wozu der Gegenstand am angezeigten Ort verwendet werden kann. Die Mitspieler dürfen sich dazu äußern und eine Begründung verlangen, wenn ihnen der Vorschlag unklar ist. Schließlich stimmen die Mitspieler ab. Diejenigen, die den Vorschlag ablehnen, müssen ihre Meinung begründen. Stimmt die Mehrheit der Gruppe dem Vorschlag des ersten Spielers zu, erhält er ein Streichholz.

Dann würfelt der nächste Spieler.

Mit einer Mark	kann könnte	ich man	im Urlaub ein Eis kaufen.		
Eine Mark	kann könnte	ich man	im Urlaub dazu	verwenden, benutzen,	um ein Eis zu kaufen.

Ich würde im Urlaub eine Mark dazu | verwenden, benutzen, | um ein Eis zu kaufen.

Ich verwende den Stift in der Schule, weil ich damit etwas aufschreiben kann.

Ich brauche das Messer in der Küche, damit ich das Brot schneiden kann.

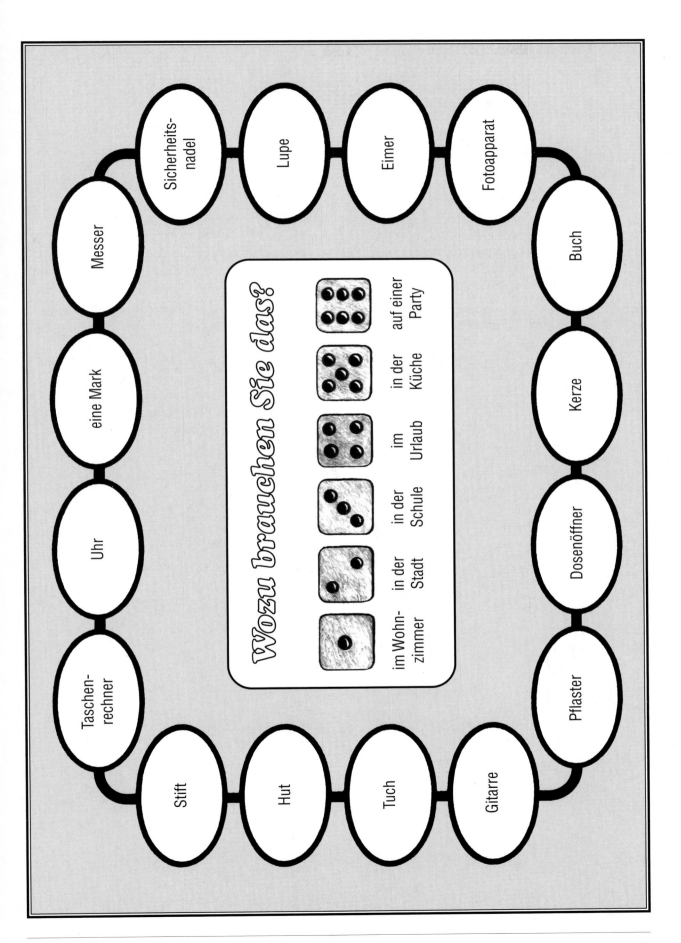

Sicherheitsnadel

Lupe

Eimer

Fotoapparat

Messer

Buch

eine Mark

Kerze

Uhr

Dosenöffner

Taschenrechner

Pflaster

Stift

Hut

Tuch

Gitarre

Wozu brauchen Sie das?

auf einer Party

in der Küche

im Urlaub

in der Schule

in der Stadt

im Wohnzimmer

Wettbewerbsspiel

3 – 6 Spieler

1 Spielfigur
pro Spieler

1 Würfel

Streichhölzer

Papier und Bleistift

leicht

32 Die Uhr

▶ Spielregel siehe Seite 59

Für dieses Spiel benötigt jeder Mitspieler Papier und Bleistift.

Alle Spielfiguren stehen zunächst im Mittelkreis der Uhr.

Der Spieler, der zuerst eine Sechs würfelt, darf beginnen. Er setzt seine Figur auf zwölf Uhr mittags, würfelt erneut und zieht dann seine Figur von Feld zu Feld in eine beliebige Richtung. Dabei darf er zwischen dem inneren und äußeren Ring springen. Der Spieler sieht die Uhrzeit (z. B. 14 Uhr 30) und denkt sich einen Wochentag aus. Dann fragt er seine Mitspieler beispielsweise: *Was mache ich normalerweise am Sonntag um 14 Uhr 30?*

Spieler und Mitspieler notieren die Antwort verdeckt auf einem Zettel. Wenn alle ihre Antwort notiert haben, lesen die Mitspieler ihren Vorschlag laut vor. Diejenigen, deren Vermutung mit der Antwort des Spielers übereinstimmt, erhalten ein Streichholz.

Dann würfelt der nächste Spieler (ebenfalls beginnend bei zwölf Uhr mittags).

Was mache ich	Ihrer eurer	Meinung nach normalerweise	am Montag samstags	um 16 Uhr 30?
Was	glauben Sie, glaubt ihr,	was ich freitags abends um 20 Uhr mache?		
Ich	denke, glaube, vermute,	Sie du	...	

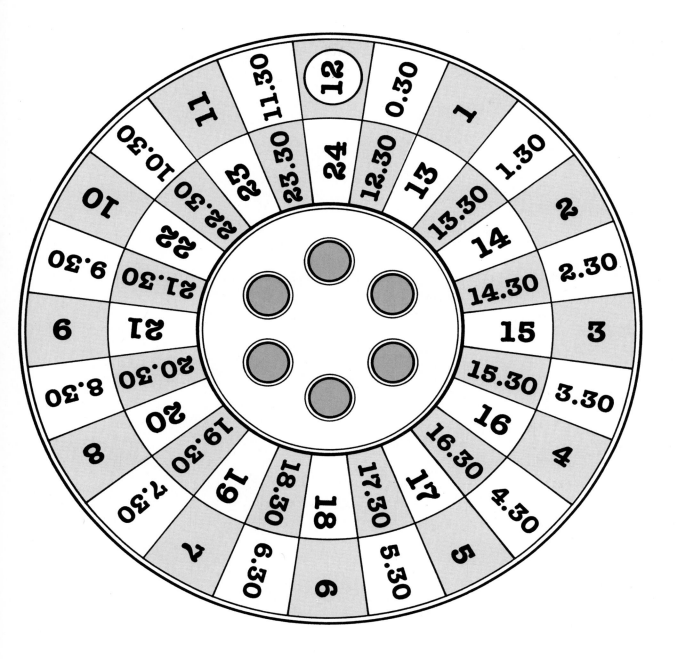

Würfelspiele
Feldspiele

Wettbewerbsspiel

33 Superlative

3–6 Spieler

1 Würfel

Streichhölzer

Papier und Bleistift

mittel

Der erste Spieler würfelt und wählt ein Adjektiv aus der Spalte, die der gewürfelten Augenzahl entspricht. Er fragt dann die Mitspieler zum Beispiel: *Was ist dünn? – Wo ist es gefährlich?*

Alle Spieler haben anschließend 15 Sekunden Zeit, um eine Antwort verdeckt auf einem Zettel zu notieren. Wer keine Lösung gefunden hat, scheidet für diese Runde aus.

Nach Ablauf der Zeit werden die Antworten vorgelesen und miteinander verglichen (siehe dazu die Redemittel). Dann stimmen alle darüber ab, welcher Spieler die beste Antwort gefunden hat. Dieser Spieler erhält ein Streichholz. Dann würfelt der nächste Spieler.

Sieger ist, wer am Ende der vorher festgelegten Spieldauer (je nach Teilnehmerzahl zwischen 20 und 45 Minuten) die meisten Streichhölzer besitzt.

Ich	finde, glaube, denke, meine,	Diamanten sind teurer als Gold. Flugzeuge fliegen nicht so schnell wie Raketen. im Dschungel ist es gefährlicher. Raketen fliegen am schnellsten. ein Holzstuhl ist am unbequemsten. zu Hause ist es am schönsten. der Vorschlag von Herrn/Frau Alpha war der beste.

scharf	hart	dünn	hell	dunkel
langsam	wichtig	interessant	schön	laut
schnell	schrecklich	gefährlich	klein	schmutzig
leicht	dick	süß	groß	ungesund
billig	teuer	hässlich	langweilig	attraktiv
alt	unbequem	komisch	lang	praktisch

34 Wortschatzkisten

Der erste Spieler würfelt, wählt eine Frage aus der Spalte, die der gewürfelten Augenzahl entspricht, und liest sie vor.

Die Mitspieler haben dann zwei Minuten Zeit, um so viele Antworten wie möglich (Wörter, keine Sätze!) auf einem Zettel zu notieren. Wer keine Lösung gefunden hat, scheidet für diese Runde aus.

Nach Ablauf der Zeit werden alle Antworten vorgelesen. Die Spieler dürfen über die Vorschläge diskutieren und sie ablehnen, wenn sie nicht zur Frage passen; dabei entscheidet die Mehrheit aller Teilnehmer.

Wer die meisten richtigen Lösungen hat, erhält ein Streichholz und darf als nächster würfeln.

Jede Frage darf nur einmal gestellt werden. Sind alle Fragen der Spalte, auf die ein Spieler durch Würfeln gekommen ist, bereits gestellt worden, oder würfelt ein Spieler die Sechs (*Jokerspalte*), dann hat er die freie Auswahl unter den verbleibenden Fragen aller übrigen Spalten.

Sieger ist, wer am Ende die meisten Streichhölzer besitzt.

	Menschen und Tiere	im Haus und in der Stadt	Aktivitäten	Persönliches	Verschiedenes	Joker
⚀	Welche Körperteile kennen Sie?	Was ist in der Küche?	Was macht eine Hausfrau?	Was wünschen Sie sich?	Was ist ungesund?	
⚁	Mit wem sprechen Sie oft?	Was ist im Wohnzimmer?	Was macht man in der Schule?	Wo sind Sie nicht gern?	Was ist gesund?	
⚂	Wie sind Menschen?	Was sieht man in der Stadt?	Was kann man spielen?	Wo sind Sie gern?	Was kann man hören?	
⚃	Wer gehört zur Verwandtschaft?	Womit kann man fahren?	Was macht man auf einer Party?	Was finden Sie schrecklich?	Was kann man nicht sehen?	
⚄	Welche Tiere kennen Sie?	Wo kann man etwas kaufen?	Welche Hobbys kennen Sie?	Was macht Ihnen Freude?	Was ist rund?	
⚅	Welche Berufe kennen Sie?	Was sieht man im Park?	Was machen viele Menschen?	Wie ist Ihre beste Freundin/Ihr bester Freund?	Was kann man feiern?	

Dialogspiele

Die Dialogspiele sind kooperative Spiele für jeweils zwei Partner.

Die Vorgaben sind – mit den entsprechenden Anweisungen – nach Spieler A/Spieler B getrennt.

Kooperatives Spiel

2 Spieler

leicht

35 Die Mitfahrgelegenheit

Spieler A

Sie beginnen den Dialog bei 1. Hören Sie anschließend, was B antwortet und wählen Sie dann einen passenden Satz bei 3 usw.

1 A: Guten Tag, Frau Schmidt. Wie geht es Ihnen?

2 B:

3 A: a) Das tut mir aber Leid. Was hat er denn?
   b) Nanu! Was ist denn los? Sind Sie krank?
   c) Auch gut, danke. Sagen Sie, haben Sie am Mittwoch Zeit?

4 B:

5 A: a) Ich möchte gern nach Köln fahren. Kommen Sie mit?
   b) Uns geht es ganz gut. Übrigens, wir fahren am Samstag nach Bremen.
      Kommen Sie doch mit!
   c) Mir geht's prima. Sagen Sie, haben Sie am Mittwoch Zeit?

6 B:

7 A: a) Da fahre ich nach Hamburg, so gegen elf. Fahren Sie mit?
   b) Ich möchte möglichst früh fahren, schon um acht. Geht das?
   c) Das ist doch kein Problem. Bringen Sie sie doch mit!

8 B:

9 A: a) Schade, da kann man nichts machen. Also dann, bis bald mal.
   b) Nein, nein, ich hole Sie zu Hause ab. Also tschüs, bis dann.
   c) Am besten bei mir. Also bis dann.

Spieler B

Hören Sie, was A zu Beginn sagt und wählen Sie dann einen passenden Satz bei 2 usw.

1 A:

2 B: a) Nicht so gut, leider.
   b) Ja, danke, sehr gut. Und Ihnen?
   c) Na ja, es geht. Mein Sohn ist krank, wissen Sie.

3 A:

4 B: a) Ich glaube, ja. Warum?
   b) Mein Magen ist nicht ganz in Ordnung. Wie geht es Ihnen denn?
   c) Er hat eine leichte Grippe. Wie geht es denn Ihnen und Ihrer Familie?

5 A:

6 B: a) Ja, warum?
   b) Ja, gern. Wann wollen Sie denn fahren?
   c) Tut mir Leid, aber am Samstag kann ich wirklich nicht. Da kommen meine Schwieger-
      eltern zu Besuch.

7 A:

8 B: a) Ja, das passt mir gut. Wo treffen wir uns?
   b) Nein, nein, die möchten bestimmt nicht mitkommen. Die fahren nicht gern weg.
   c) Ja, sehr gern. Dann komme ich so gegen elf zu Ihnen.

9 A:

36 Gespräch auf der Straße

Kooperatives Spiel

2 Spieler

mittel

Spieler A

Sie beginnen den Dialog bei 1. Hören Sie anschließend, was B antwortet und wählen Sie dann einen passenden Satz bei 3 usw.

1 A: Guten Tag, Frau Klein, wie geht es Ihnen? Ich habe Sie lange nicht gesehen. Waren Sie krank?

2 B:

3 A: a) Oh, das tut mir aber Leid! Wie geht es Ihnen denn jetzt?
     b) Ach so, wo waren Sie denn?
     c) Das glaube ich. Sind sie denn noch hier?

4 B:

5 A: a) Und wie war das Wetter? Hat es bei Ihnen auch so viel geregnet?
     b) Danke, gut. Haben Sie ein bisschen Zeit? Geh'n wir noch zusammen einen Kaffee trinken?
     c) Dann kommen Sie uns doch mal besuchen. Wie wär's zum Beispiel am Samstag?

6 B:

7 A: a) Geh'n wir doch ins Café Müller. Der Kuchen da schmeckt sehr lecker.
     b) Das sieht man, Sie sehen wirklich gut aus! Frau Klein, ich muss weiter. Grüßen Sie Ihren Mann.
     c) Schade. Na ja, dann ein andermal. Wir können ja vorher telefonieren.

8 B:

Spieler B

Hören Sie, was A zu Beginn sagt und wählen Sie dann einen passenden Satz bei 2 usw.

1 A:

2 B: a) Nein, aber wir waren in Urlaub. Wir sind gestern erst wiedergekommen.
     b) Nein, nein, aber meine Schwiegereltern waren da. Da hatte ich in letzter Zeit viel Arbeit.
     c) Ja, ich hatte eine schwere Grippe. Ich habe zwei Wochen im Bett gelegen.

3 A:

4 B: a) Nein, sie sind letzten Montag wieder gefahren. Jetzt hab' ich wieder ein bisschen mehr Zeit.
     b) Es geht wieder, Gott sei Dank. Wie geht es Ihnen denn, Frau Manz?
     c) Wir sind zuerst nach Holland gefahren und von da nach Frankreich.

5 A:

6 B: a) Oh, tut mir Leid, aber Samstag ist schlecht. Mein Mann und ich wollen am Wochenende nach Belgien.
     b) Nein, im Gegenteil. Es war super. Wir waren fast jeden Tag am Strand.
     c) Gute Idee! Wohin geh'n wir?

7 A:

8 B: a) Ja, danke, grüßen Sie auch zu Haus. Tschüs!
     b) Ja, ich rufe Sie in den nächsten Tagen mal an. Also bis dann.
     c) Gut. Also geh'n wir!

Kooperatives Spiel

2 Spieler

leicht

37 Lebensmittel vom Nachbarn

Spieler A

1. *Sie kochen gerade. Diese Lebensmittel brauchen Sie, aber Sie haben sie nicht mehr. Fragen Sie B danach.*

Entschuldigen Sie, Entschuldigung,		haben Sie	vielleicht bitte	etwas Salz? ein paar Eier?	
Entschuldige, Entschuldigung,		hast du	vielleicht bitte	ein wenig Mehl? ein bisschen Milch?	
Können Sie Kannst du	mir	vielleicht bitte	etwas Salz ein bisschen Milch		geben?
Ich brauche nur		ein bisschen (Butter). einen Löffel voll (Zucker). eine Tasse voll (Milch). etwa 100 Gramm (Mehl). zwei (Brötchen).			

2. *B braucht ein paar Lebensmittel und fragt Sie danach. Diese Sachen haben Sie:*

Ja,	wie viel (Milch) wie viele (Eier)	brauchen Sie brauchst du	denn?
Tut mir Leid,	aber ich habe auch	keinen Käse. keine Marmelade. kein Brot.	

37 Lebensmittel vom Nachbarn

Spieler B

1. *A braucht ein paar Lebensmittel und fragt Sie danach. Diese Sachen haben Sie:*

Ja,	wie viel (Milch)	brauchen Sie	denn?
	wie viele (Eier)	brauchst du	
Tut mir Leid,	aber ich habe auch	keinen Käse.	
		keine Marmelade.	
		kein Brot.	

1. *Sie kochen gerade. Diese Lebensmittel brauchen Sie, aber Sie haben sie nicht mehr. Fragen Sie A danach.*

Entschuldigen Sie,	haben Sie	vielleicht	etwas Salz?
Entschuldigung,		bitte	ein paar Eier?
Entschuldige,	hast du	vielleicht	ein wenig Mehl?
Entschuldigung,		bitte	ein bisschen Milch?
Können Sie mir	vielleicht	etwas Salz	geben?
Kannst du	bitte	ein bisschen Milch	
Ich brauche nur	ein bisschen (Butter).		
	einen Löffel voll (Zucker).		
	eine Tasse voll (Milch).		
	etwa 100 Gramm (Mehl).		
	zwei (Brötchen).		

Kooperatives Spiel

2 Spieler

mittel

38 Was soll ich schenken?

Spieler A

1. *Bald ist Weihnachten und Sie möchten einigen Leuten etwas schenken. Aber was?*
Fragen Sie B um Rat.

Beispiel:

Kollege/Kollegin – kocht gern

Sie: Haben Sie | eine Idee, was ich | meinem Kollegen | zu Weihnachten schenken könnte?
Hast du | | meiner Kollegin |

B: Was | mag | er | denn besonders gern?
| macht | sie |

Sie: Ich glaube, kochen.

B: Dann | schenken Sie | ihm | doch ein Kochbuch.
| schenk | ihr |

Sie: Gute Idee! Das schenke ich | ihm.
| ihr.

Diesen Leuten möchten Sie etwas schenken:

a) Nachbarin – liest gern

b) Mutter – schreibt gern Briefe

c) Onkel und Tante – hören gern Musik

d) Großvater – liest gern, kann aber nicht mehr gut sehen

e) Bruder – malt gern

f) Freundin – bekommt in vier Monaten ein Baby

g) Nichte – möchte gern ein Fahrrad, ist aber noch zu klein

h) Freund/Freundin – Sie möchten ihn/sie bald heiraten

2. *Nun bittet B Sie um Rat. Hören Sie zu und geben Sie B dann einen Rat.*
Diese Sachen könnte B beispielsweise verschenken:

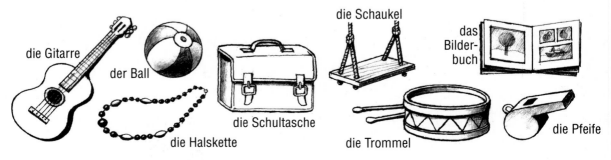

die Gitarre — der Ball — die Halskette — die Schultasche — die Schaukel — die Trommel — das Bilderbuch — die Pfeife

38 Was soll ich schenken?

Spieler B

1. *Bald ist Weihnachten und A möchte einigen Leuten etwas schenken. Hören Sie zu und geben Sie A dann einen Rat.*

Beispiel:

Kollege/Kollegin – kocht gern

A:	Haben Sie Hast du	eine Idee, was ich	meinem Kollegen meiner Kollegin	zu Weihnachten schenken könnte?

Sie: Was	mag macht	er sie	denn besonders gern?

A: Ich glaube, kochen.

Sie: Dann	schenken Sie schenk	ihm ihr	doch ein Kochbuch.

A: Gute Idee! Das schenke ich	ihm. ihr.

Diese Sachen könnte A beispielsweise verschenken:

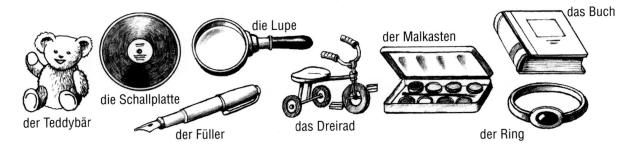

die Lupe · der Malkasten · das Buch · der Teddybär · die Schallplatte · der Füller · das Dreirad · der Ring

2. *Sie möchten auch einigen Leuten etwas schenken. Aber was? Fragen Sie A um Rat. Diesen Leuten möchten Sie etwas schenken:*

a) Neffen – fünf und sieben Jahre alt – spielen gern zusammen

b) Schwägerin – liebt Schmuck

c) Tochter und Sohn – spielen gern im Garten

d) Nachbarskind – macht gern Krach

e) Freund – ist in seiner Freizeit Schiedsrichter im Fußballverein

f) Freundin – möchte ein Instrument spielen lernen

g) Schwester – kommt nächstes Jahr in die Schule

h) Bruder – mag Bücher, kann aber noch nicht lesen

39   Wohin kann ich gehen?

Kooperatives Spiel

2 Spieler

leicht

Spieler A

1. *Sie sind noch nicht lange in Deutschland und haben ein paar Wünsche und Probleme. Sprechen Sie mit B darüber. B sagt Ihnen, wohin Sie gehen können.*

Ich	brauche habe möchte muss	...	–	Was	soll ich tun? kann ich da machen? können Sie mir empfehlen? kannst du mir empfehlen?			
		Wohin	soll kann	ich	Ihrer deiner	Meinung nach	gehen? fahren?

a) Sie haben kein Bargeld mehr, sondern nur noch Schecks.

b) Sie möchten gut essen gehen.

c) Sie möchten Informationen über interessante deutsche Städte.

d) Sie brauchen Briefmarken.

e) Sie möchten gern tanzen gehen.

f) Sie haben eine schwere Grippe.

g) Sie finden keinen Parkplatz.

h) Sie möchten schwimmen gehen.

i) Sie interessieren sich für deutsche Literatur.

j) Sie möchten spazieren gehen.

k) Sie haben Appetit auf einen Cheeseburger.

2. *Jetzt wechseln Sie die Rollen. B nennt Ihnen ein paar Wünsche und Probleme. Sagen Sie B, wohin er/sie gehen kann.*

Gehen Sie Geh Fahren Sie Fahr	doch	zu in nach	...

die Bank	das Restaurant	das Fremdenverkehrsamt
das Parkhaus	das Café	das Schwimmbad
die Post	der Bahnhof	der Park
der Schnellimbiss	der Golfplatz	der Arzt
der Tennisplatz	der Markt	das Museum
die Bibliothek	die Diskothek	der Zahnarzt

39 Wohin kann ich gehen?

Spieler B

1. *A ist noch nicht lange in Deutschland und nennt Ihnen ein paar Wünsche und Probleme. Sagen Sie A, wohin er/sie gehen kann.*

Gehen Sie	doch	zu	...
Geh		in	
Fahren Sie		nach	
Fahr			

die Bank	das Restaurant	das Fremdenverkehrsamt
das Parkhaus	das Café	das Schwimmbad
die Post	der Bahnhof	der Park
der Schnellimbiss	der Golfplatz	der Arzt
der Tennisplatz	der Markt	das Museum
die Bibliothek	die Diskothek	der Zahnarzt

2. *Jetzt wechseln Sie die Rollen. Sie haben ein paar Wünsche und Probleme. Sprechen Sie mit A darüber. A sagt Ihnen, wohin Sie gehen können.*

Ich	brauche	...	–	Was	soll ich tun?
	habe				kann ich da machen?
	möchte				können Sie mir empfehlen?
	muss				kannst du mir empfehlen?

| Wohin | soll | ich | Ihrer | Meinung nach | gehen? |
| | kann | | deiner | | fahren? |

a) Sie brauchen eine Fahrkarte.
b) Sie haben Appetit auf ein Stück Kuchen.
c) Sie möchten gern Leute kennen lernen.
d) Sie müssen ein Telegramm aufgeben.
e) Sie möchten am Wochenende einen Ausflug machen.
f) Sie müssen Geld umtauschen.
g) Sie haben Zahnschmerzen.
h) Sie interessieren sich für Malerei.
i) Sie möchten ein Sonnenbad nehmen.
j) Sie möchten gern billig zu Mittag essen.
k) Sie möchten frisches Gemüse kaufen.

Kooperatives Spiel

2 Spieler

mittel

40 Können Sie mir helfen?

Spieler A

1. *B bittet Sie um ein paar Dinge. Manchmal können Sie helfen, manchmal nicht. Wenn Sie nicht helfen können, dann erklären Sie die Gründe.*
Hier sind ein paar wichtige Informationen. Lesen Sie sie und hören Sie dann, was B sagt.

Tut mir Leid,	aber da kann ich Ihnen/dir nicht helfen, das geht nicht,	weil ...

a) Sie haben heute Ihr Wörterbuch zu Hause vergessen.

b) Sie kennen diese Stadt überhaupt nicht.

c) Sie haben viel Kleingeld.

d) Sie kennen keinen Arzt hier. – Sie haben gerade Hustenbonbons gekauft.

e) Ihr Kugelschreiber ist kaputt, aber Sie haben einen Bleistift.

f) Sie fahren nach dem Deutschkurs nicht nach Hause, sondern nach Köln.

2. *Bitten Sie nun B um Hilfe.*

Können Sie mir Kannst du mir Kann ich Darf ich	bitte vielleicht mal mal	...?

a) Sie haben eine Kontaktlinse verloren und können sie nicht finden.

b) Sie möchten nach dem Unterricht einkaufen gehen, aber Sie haben Ihr Geld zu Hause vergessen.

c) Sie haben einen Schnupfen, aber Sie haben kein Taschentuch.

d) Sie fahren nächste Woche in Urlaub. Vielleicht kann B Ihre Blumen gießen.

e) B hat ein interessantes Buch. Das möchten Sie gern lesen.

f) Sie brauchen für heute Abend einen Babysitter.

40 Können Sie mir helfen?

Spieler B

1. *Bitten Sie A um Hilfe.*

Können Sie mir	bitte	...?
Kannst du mir	vielleicht mal	
Kann ich	mal	
Darf ich		

a) Sie möchten gern A's Wörterbuch benutzen.

b) Sie möchten wissen, wo die Post ist.

c) Sie haben einen Zehnmarkschein, aber Sie brauchen Kleingeld.

d) Sie haben einen schrecklichen Husten. Vielleicht kennt A einen guten Arzt.

e) Sie möchten kurz den Kugelschreiber von A haben.

f) Sie möchten nach dem Unterricht mit A nach Hause fahren.

2. *Nun bittet A Sie um ein paar Dinge. Manchmal können Sie helfen, manchmal nicht. Wenn Sie nicht helfen können, dann erklären Sie die Gründe.*
Hier sind ein paar wichtige Informationen. Lesen Sie sie und hören Sie dann, was A sagt.

Tut mir Leid,	aber da kann ich Ihnen/dir nicht helfen,	weil ...
	das geht nicht,	

a) Sie haben Ihre Brille vergessen und können darum schlecht sehen.

b) Sie haben zehn Mark im Portemonnaie.

c) Sie haben gerade ein Päckchen Taschentücher gekauft.

d) Sie fahren nächste Woche weg, aber Ihre Schwester bleibt da.

e) Sie haben das Buch aus der Stadtbibliothek geliehen. Sie müssen es übermorgen zurückgeben.

f) Sie gehen heute Abend ins Konzert.

Kooperatives Spiel

2 Spieler

mittel

41   Entschuldigen Sie, aber ...

Spieler A

1. *Sie sollen sich in den folgenden Situationen bei B beschweren.*

Entschuldigen	Sie bitte, aber ...
Verzeihen	
Könnten	Sie bitte ...?
Würden	

a) Sie sind im Taxi. Der Taxifahrer fährt zu schnell. Sie haben Angst.

b) B schreibt etwas an die Tafel, aber er/sie schreibt sehr undeutlich. Sie können das nicht lesen.

c) B spricht zu schnell. Sie können ihn/sie kaum verstehen.

d) Sie treffen sich einmal pro Woche mit B zum Tennisspielen, aber B kommt immer zu spät. Das ärgert Sie.

e) Ihr Nachbar B hört jeden Abend sehr laut Musik. Das stört Sie.

f) Sie arbeiten mit B in einem Büro. B benutzt ein starkes Parfüm. Davon bekommen Sie Kopfschmerzen.

g) Sie sind im Geschäft. Ein paar Kunden waren vor Ihnen da, aber jetzt sind Sie an der Reihe. B drängt sich vor.

2. *B beschwert sich bei Ihnen in folgenden Situationen. Reagieren Sie höflich.*

Oh,	Entschuldigung,	das habe ich nicht	gemerkt.
	Verzeihung,		gewusst.
Es tut mir Leid, aber ich habe nicht		gemerkt,	dass ...
		gewusst,	

a) Sie sprechen gerade mit B.

b) Sie haben keine Garage und parken darum vor dem Haus.

c) Sie haben einen Hund. Er ist ein bisschen wild, aber nicht gefährlich. Manchmal spielt er draußen.

d) Sie sehen abends fern. Sie sind etwas schwerhörig.

e) Sie arbeiten mit B in einem Büro. Sie sind Raucher.

f) Sie haben ein Klavier gekauft und üben oft.

g) Sie sitzen im Theater. Das Stück fängt gleich an.

41 Entschuldigen Sie, aber ...

Spieler B

1. *A beschwert sich bei Ihnen in folgenden Situationen. Reagieren Sie höflich.*

Oh,	Entschuldigung, Verzeihung,	das habe ich nicht	gemerkt. gewusst.
Es tut mir Leid, aber ich habe nicht		gemerkt, gewusst,	dass ...

a) Sie sind Taxifahrer. A ist Ihr Fahrgast.

b) Sie schreiben gerade etwas an die Tafel.

c) Sie sprechen gerade mit A.

d) Sie treffen sich einmal pro Woche mit A zum Tennisspielen. A ist meistens früher da als Sie.

e) Sie lieben Musik und hören fast jeden Abend Musik.

f) Sie arbeiten mit A in einem Büro. Sie benutzen gern Parfüm.

g) Sie sind im Geschäft. Sie glauben, dass Sie jetzt an der Reihe sind.

2. *Sie sollen sich in den folgenden Situationen bei A beschweren.*

Entschuldigen Verzeihen	Sie bitte, aber ...
Könnten Würden	Sie bitte ...?

a) A spricht zu leise. Sie können ihn/sie kaum verstehen.

b) Ihr Nachbar A parkt sein Auto immer fast vor Ihrer Garage. Darum haben Sie Probleme beim Rein- und Rausfahren.

c) Ihr Nachbar A hat einen großen Hund. Der läuft oft frei herum. Sie finden den Hund aggressiv und haben Angst.

d) Ihr Nachbar A stellt seinen Fernseher sehr laut. Sie hören das jeden Abend.

e) Sie arbeiten mit A in einem Büro. A raucht viel. Das stört Sie.

f) Ihr Nachbar A übt immer um die Mittagszeit auf seinem Klavier. Mittags möchten Sie aber gern ein Stündchen schlafen.

g) Sie kommen ins Theater. Sie haben den Platz mit der Nummer 32. Auf Ihrem Platz sitzt A.

Kooperatives Spiel

2 Spieler

mittel

42 Nicht so schlimm

Spieler A

1. *Die folgenden Missgeschicke sind Ihnen passiert. Entschuldigen Sie sich bei B.*

Es ist mir	sehr äußerst schrecklich	unangenehm, peinlich,	aber ...

Mir ist da was Dummes passiert: ...   –   Es tut mir wirklich sehr Leid.

a) B hat Ihnen eine Salatschüssel geliehen. Sie ist auf den Boden gefallen und zerbrochen.

b) Sie haben sich auf B's Zigarettenschachtel gesetzt. Jetzt sind die Zigaretten kaputt.

c) B hat Ihnen einen Schirm geliehen. Sie haben ihn im Zug liegen lassen.

d) B hat Ihnen ein Buch geliehen. Ein Kind hat ins Buch gemalt.

e) Sie wollten gestern für B einen Brief einwerfen. Das haben Sie vergessen.

f) Sie haben sich von B einen Pullover ausgeliehen. Sie haben ihn zu heiß gewaschen, jetzt ist er eingelaufen (= klein geworden).

g) Sie wollten B eine Videokassette mitbringen. Sie haben sie vergessen.

h) Sie haben gesagt, Sie können morgen abend bei B babysitten. Aber Sie sind plötzlich verhindert. Nennen Sie Gründe.

2. *B entschuldigt sich bei Ihnen. Beruhigen Sie B.*

Ich bitte Sie, Ich bitte dich,	das macht doch nichts. das ist doch nicht schlimm. das kann doch jedem passieren.

Hier sind ein paar Informationen:

a) Sie haben B eine Schallplatte geliehen. Die finden Sie nicht gut.

b) Sie haben B Geld geliehen. Das wollte er/sie heute zurückgeben. Sie haben noch genug Geld für diesen Monat.

c) Ihr Sofa ist schon alt. Sie haben gestern ein neues bestellt.

d) B ist für Sie einkaufen gegangen. Sie haben noch genug Kaffee.

e) Am Wochenende wollten Sie wegfahren. B wollte dann auf Ihre Katze aufpassen. Aber Ihr Auto ist kaputtgegangen. Darum fahren Sie nicht.

f) Sie haben B Ihr Fahrrad geliehen. Sie möchten sich ein Mofa kaufen.

g) B sollte Ihnen Karten für ein Konzert besorgen. Aber Sie wissen, dass die Karten sehr teuer sind.

h) Sie renovieren am Wochenende mit vielen Freunden Ihre Wohnung.

42 Nicht so schlimm

Spieler B

1. *A entschuldigt sich bei Ihnen. Beruhigen Sie A.*

Ich bitte Sie, Ich bitte dich,	das macht doch nichts. das ist doch nicht schlimm. das kann doch jedem passieren.

Hier sind ein paar Informationen:

a) Sie haben A eine Salatschüssel geliehen. Sie haben sehr viele Salatschüsseln.
b) Sie rauchen, aber Sie möchten gern damit aufhören.
c) Sie haben A einen Schirm geliehen. Der war schon sehr alt.
d) Sie haben A ein Buch geliehen. Das haben Sie schon gelesen und fanden es langweilig.
e) A sollte gestern einen Brief für Sie einwerfen. Sie müssen heute aber sowieso zur Post.
f) Sie haben A einen Pullover geliehen. Der stand Ihnen nicht gut.
g) A wollte Ihnen eine Videokassette mitbringen, aber Ihr Recorder ist kaputt.
h) A sollte morgen abend bei Ihnen babysitten. Aber Ihr Kind ist krank geworden. Darum bleiben Sie morgen abend zu Hause.

2. *Die folgenden Missgeschicke sind Ihnen passiert. Entschuldigen Sie sich bei A.*

Es ist mir	sehr äußerst schrecklich	unangenehm, peinlich,	aber ...
Mir ist da was Dummes passiert: ...	–	Es tut mir wirklich sehr Leid.	

a) A hat Ihnen eine Schallplatte geliehen. Die ist Ihnen kaputtgegangen.
b) A hat Ihnen Geld geliehen. Das wollten Sie heute zurückgeben, aber Sie können nicht. Nennen Sie Gründe.
c) Sie haben mit Ihrer Zigarette ein Loch in A's Sofa gebrannt.
d) Sie sind für A einkaufen gegangen, aber Sie haben den Kaffee vergessen.
e) A wollte am Wochenende wegfahren. Sie wollten auf seine/ihre Katze aufpassen. Das geht nicht, denn Ihr Vermieter will keine Tiere im Haus haben.
f) A hat Ihnen ein Fahrrad geliehen. Das hat jemand gestohlen.
g) Sie haben A gesagt, dass Sie Karten für ein Konzert besorgen. Aber Sie haben das vergessen, und jetzt ist es zu spät.
h) Sie haben A gesagt, Sie helfen ihm/ihr am Wochenende, die neue Wohnung zu renovieren. Aber Sie können nicht. Nennen Sie Gründe.

Kooperatives Spiel

2 Spieler

mittel

43 Ratschläge

Spieler A

1. *Sie haben ein Problem. Sprechen Sie mit B darüber. B gibt Ihnen dann einen Rat.*

Ich	habe da ein Problem: weiß nicht, was ich machen soll:	... – Was	raten Sie rätst du	mir?
		Was kann ich	Ihrer deiner	Meinung nach tun?

a) Sie haben Kopfschmerzen.

b) Sie können schlecht einschlafen.

c) Ihr Nachbar hört jeden Abend sehr laut Musik.

d) Sie haben einen Schluckauf.

e) Sie haben Ihr Portemonnaie verloren.

f) Sie sind überarbeitet.

g) Sie sind arbeitslos geworden.

h) Sie haben einen Sonnenbrand.

i) Sie wohnen außerhalb der Stadt. Da fahren wenig Busse und keine Straßenbahnen. Sie haben keinen Führerschein.

j) Sie haben vor zwei Tagen einen Kassettenrekorder gekauft. Jetzt ist er schon kaputt.

2. *B beschreibt Ihnen ein paar Probleme. Geben Sie ihm/ihr einen Rat.*

Meiner Meinung nach		sollten Sie solltest du	...
An	Ihrer deiner	Stelle würde ich ...	
Wenn ich	Sie du	wäre, dann würde ich ...	

Yoga machen	einen Babysitter suchen
... zur Reinigung bringen	heiße Zitrone trinken
mit ... sprechen	ins Kino gehen
zur Polizei gehen	einen Kredit aufnehmen
eine Diät machen	Kopfhörer benutzen

43 Ratschläge

Spieler B

1. *A beschreibt Ihnen ein paar Probleme. Geben Sie ihm/ihr einen Rat.*

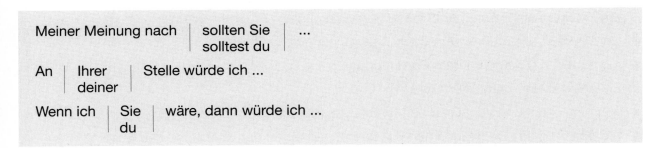

| Meiner Meinung nach | sollten Sie solltest du | ... |

An | Ihrer deiner | Stelle würde ich ...

Wenn ich | Sie du | wäre, dann würde ich ...

zum Arbeitsamt gehen	ein Glas Wasser trinken
mit Joghurt kühlen	Urlaub machen
umtauschen	eine Tablette nehmen
mit ... sprechen	zum Fundbüro gehen
abends joggen	ein Fahrrad kaufen

2. *Sie haben ein paar Probleme. Sprechen Sie mit A darüber. A gibt Ihnen dann einen Rat.*

| Ich | habe da ein Problem: weiß nicht, was ich machen soll: | ... – Was | raten Sie rätst du | mir? |

| | Was kann ich | Ihrer deiner | Meinung nach tun? |

a) Sie möchten abends gern mal ausgehen, aber Sie haben ein kleines Kind.

b) Sie sehen gern und oft fern. Ihr Mann/Ihre Frau möchte aber im Wohnzimmer gern lesen.

c) Sie möchten ein Auto kaufen. Sie haben aber zu wenig Geld.

d) Sie sind stark erkältet.

e) Sie haben im Urlaub fünf Kilo zugenommen.

f) Auf Ihrer Seidenbluse/Ihrem Seidenhemd ist ein Kaffeefleck.

g) Sie haben sich mit Ihrer Freundin gestritten. Jetzt besucht sie Sie nicht mehr.

h) Sie sind oft sehr nervös.

i) Seit drei Tagen verfolgt Sie ein Mann.

j) Sie langweilen sich.

Kooperatives Spiel

2 Spieler

schwer

44 Ein Verkaufsgespräch

Spieler A

Spielen Sie mit B eine kleine Szene, für die Sie hier einige Angaben finden.

- Es ist 17.15 Uhr. Sie sind in einer Buchhandlung.
  Sie möchten ein Buch über chinesische Malerei des 17. Jahrhunderts.

- Der Verkäufer zeigt Ihnen ein Buch. Das gefällt Ihnen sehr gut.

- Sie haben 100 Mark in Ihrem Portemonnaie.

- Sie haben keine Schecks dabei.

- Von Ihrer Wohnung zum Geschäft fahren Sie ungefähr 30 Minuten.

- Sie möchten das Buch auf jeden Fall haben und bitten den Verkäufer, das Buch
  bis morgen zurückzulegen.

Spieler B

Spielen Sie mit A eine kleine Szene, für die Sie hier einige Angaben finden.

- Es ist 17.15 Uhr. Sie sind Verkäufer in einer Buchhandlung.
  Ein Kunde möchte ein Buch über chinesische Malerei des 17. Jahrhunderts.

- Sie haben ein besonders schönes Buch über asiatische Kunst des 16. und
  17. Jahrhunderts.

- Das Buch kostet 139, 90 Mark.

- Sie nehmen auch Schecks.

- Das Geschäft schließt schon um 18.00 Uhr.

- Sie können Bücher zurücklegen. Der Kunde muss dann zehn Prozent des Preises
  anzahlen.

Auflösungen der Kombinationsspiele

Auflösung zu Spiel 11: Menschen in unserer Straße 1

	Nr. 1	Nr. 3	Nr. 5	Nr. 7	Nr. 9
Name	Frau Müller	Monika	Stefan	Frau Lemke	Herr Sänger
Alter	39	7	17	57	89
Beruf	Polizistin	Schülerin	Verkäufer	Ärztin	Rentner
Hobbys	schwimmen	Fahrrad fahren	lesen	keine Hobbys	lesen
Essen/ Trinken	Wein	Spaghetti	Fleisch	Kaffee	Spaghetti

Auflösung zu Spiel 12: Menschen in unserer Straße 2

	Nr. 1	Nr. 3	Nr. 5	Nr. 7	Nr. 9
Name	Frau Müller	Frau Schulte	Herr Pacht	Frau Lemke	Herr Sänger
Familien- stand	verheiratet	ledig	ledig oder von seiner Frau getrennt lebend	geschieden	Witwer
Kinder	2 Töchter	1 Tochter	1 Sohn	–	2 Söhne
Beruf	Polizistin	Lehrerin	Verkäufer	Ärztin	Rentner
Hobbys	Tennis	lesen	schwimmen	fotografieren	lesen

Auflösung zu Spiel 13: Familienfoto

Name	Charlotte	Karla	Michael	Sofie	Paul	Stefan
Verwandt- schafts- beziehung zu anderen Personen	Sofies Schwester Stefans Tante Michaels Großtante Karlas Mutter	Charlottes Tochter Stefans Kusine Sofies Nichte	Pauls Urenkel Stefans Sohn Sofies Enkel	Michaels Großmutter Pauls Schwieger- tochter Charlottes Schwester Karlas Tante Stefans Mutter	Sofies Schwieger- vater Stefans Großvater Michaels Urgroßvater	Pauls Enkel Sofies Sohn Charlottes Neffe Karlas Vetter Michaels Vater
Hobbys	Handarbeit	wandern	malen	malen	lesen	Tennis
Alter	58	29	5	62	86	34

Register

Spiel	Thema/kommunikative Funktion	grammatische Strukturen/ Vokabular
Kartenspiele		
1 **Indiskrete Fragen**	persönliche Fragen stellen; über sich selbst sprechen	
2 **Angsthase und Pechvogel**	bildhafte Begriffe erklären	Relativsätze; bildhafte Ausdrücke für Menschen mit bestimmten Eigenschaften
3 **Tauschbörse**	über menschliche Eigenschaften sprechen; handeln; tauschen	Wortbildung; Substantivendung und Genus; Substantive und Adjektive für Charaktereigenschaften; Akkusativ
4 **Was kann das sein?**	etwas beschreiben; etwas definieren	Passiv Präsens; Pronominaladverbien
Einigungsspiele		
5 **Vorlieben und Abneigungen**	über Vorlieben und Abneigungen sprechen	*mögen*; *etwas gern machen*; *etwas prima/schrecklich finden*; möglich: Kausalsätze
6 **Erfahrungen**	über Erfahrungen sprechen und andere danach fragen	Perfekt
7 **Erinnerungen an die Kindheit**	über Kindheitserinnerungen sprechen und andere danach fragen	Perfekt; Präterium; Temporalsatz mit *als*
8 **Innere Zustände**	über Gefühle und sie auslösende Situationen sprechen	Adjektive und Verben, die Gefühle beschreiben; reflexive Verben; Fragen nach Präpositionalobjekten; Konditionalsatz
9 **Über Gott und die Welt**	Meinungen äußern und andere nach ihrer Meinung fragen	Nebensätze mit *dass* und *wenn*; Infinitiv mit *zu*
10 **Berufe und Eigenschaften**	über Berufe und menschliche Eigenschaften sprechen; Meinungen vertreten; jemanden von etwas überzeugen; sich einigen	Adjektive für menschliche Eigenschaften; Nebensätze mit *dass*
Kombinationsspiele		
11 **Menschen in unserer Straße 1**	über Alter, Beruf und Vorlieben von Leuten sprechen	Konjugation im Präsens
12 **Menschen in unserer Straße 2**	Personen näher kennzeichnen	Relativsätze
13 **Familienfoto**	über Verwandtschaftsverhältnisse sprechen	Verwandtschaftsbezeichnungen
Verhandlungsspiele		
14 **Terminkalender**	sich verabreden; über Termine sprechen; Zeitangaben machen	Modalverben *müssen*, *können*, *möchten*; Uhrzeit
15 **Wie gut kennen Sie sich?**	über Gefühle und sie auslösende Situationen sprechen; zustimmen; widersprechen; korrigieren	Adjektive und Verben, die Gefühle beschreiben; Konditionalsatz mit *wenn*
16 **Drudel**	Vermutungen anstellen; etwas genauer beschreiben	Relativsätze; möglich: Konjunktiv II von *können*

Spiel	Thema / kommunikative Funktion	grammatische Strukturen / Vokabular
17 Morgenroutine	über zeitliche Abläufe sprechen	Temporalsätze; Zeitadverbien
18 Was ist der Grund?	nach Gründen für ein bestimmtes Verhalten fragen	Fragen mit *warum*; Kausalsätze
19 Optimist und Pessimist	positive und negative Prognosen stellen	Futur I
20 Ein Samstag zu dritt	zusammen etwas planen; jemanden überzeugen und überreden; Vorschläge machen und ablehnen; Wünsche äußern	Konjunktiv II
Würfelspiele – Schlangen und Leitern –		
21 Im Restaurant	im Restaurant Wünsche äußern; sich beschweren; zahlen	Modalverb *können*; Partikeln *bitte* und *vielleicht* in höflichen Bitten
22 Wünsche und Bitten	in unterschiedlichen Situationen Wünsche äußern; um Erlaubnis bitten	Modalverben *können*, *dürfen*; Partikeln *bitte*, *vielleicht*, *mal*; möglich: Konjunktiv II
23 Gefühle	über Gefühle und sie auslösende Situationen sprechen	Adjektive und Verben, die Gefühle beschreiben; reflexive Verben; Fragen nach Präpositionalobjekten; Konditionalsatz im Präsens; möglich: Temporalsatz mit *als*; Konditionalsatz im Konjunktiv II
24 Warum und wozu?	über Ziele und Gründe für bestimmte Verhaltensweisen sprechen	Infinitiv mit *um ... zu;* Finalsätze; Kausalsätze
Würfelspiele – Rundläufe –		
25 Träume und Wünsche	Wünsche äußern	Konjunktiv II
26 Wer sagt das?	Situationen beschreiben; sprachliche Äußerungen in einen Kontext bringen	
27 Wie oft? – Wann? – Wie lange?	über Gewohnheiten sprechen; Angaben über Zeitpunkt, Zeitdauer und Häufigkeit machen	Präsens; Zeitangaben
28 Was ist Ihnen lieber?	Dinge miteinander vergleichen; einer Sache den Vorzug geben	Komparativ
29 Vergleiche	Dinge miteinander vergleichen; Meinungen vertreten; jemanden überzeugen	Komparativ; *ebenso ... wie;* Kausalsätze
30 Meinungsforschung	zu Aussagen Stellung nehmen; Meinungen äußern; über Meinungen anderer Vermutungen anstellen	Nebensätze mit *dass*
31 Wozu brauchen Sie das?	über Absichten und Zwecke sprechen; etwas begründen	Infinitiv mit *um ... zu;* Finalsätze; Kausalsätze; Konditionalsätze
32 Die Uhr	Tagesabläufe; Uhrzeit; über Gewohnheiten sprechen	Präsens; Uhrzeit

Spiel	Thema/kommunikative Funktion	grammatische Strukturen/Vokabular
Würfelspiele **– Feldspiele –**		
33 Superlative	Vergleiche anstellen; Meinungen äußern	Komparativ und Superlativ
34 Wortschatzkisten		Vokabelwiederholung
Dialogspiele		
35 Die Mitfahrgelegenheit	über den Gesundheitszustand sprechen; sich verabreden	Abtönungspartikeln in Gesprächen
36 Gespräch auf der Straße	über Krankheit und Urlaub sprechen	Perfekt; Präteritum von *sein* und *haben;* Abtönungspartikeln
37 Lebensmittel vom Nachbarn	um etwas bitten; sagen, was man hat oder nicht hat	Lebensmittel; Mengenangaben; *ein paar, etwas;* Akkusativ
38 Was soll ich schenken?	Geschenkideen äußern; Ratschläge geben	Substantive im Akkusativ; Substantive und Pronomen im Dativ
39 Wohin kann ich gehen?	Bedürfnisse äußern; Ratschläge geben	lokale Präpositionen auf die Frage mit *wohin*
40 Können Sie mir helfen?	um etwas bitten; zusagen; etwas höflich ablehnen	Modalverben *können, dürfen;* Partikeln *bitte, vielleicht, mal;* möglich: Kausalsätze
41 Entschuldigen Sie, aber ...	sich beschweren; um etwas bitten; sich entschuldigen	Bitten im Konjunktiv II; Komparativ
42 Nicht so schlimm	sich entschuldigen; beruhigend reagieren	
43 Ratschläge	über Probleme sprechen; Ratschläge geben	Partikeln *doch, mal;* Konjunktiv II; Infinitiv mit *zu*
44 Ein Verkaufsgespräch	nach einer Ware fragen; Auskunft geben; Ware zurücklegen lassen	

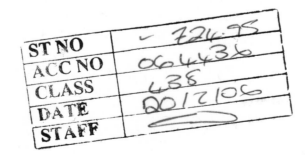